WILTSHIRE

THE WILTSHIRE DOMESDAY

FOLIOS AND MAPS

Wiltshire: Folios 64–74

ALECTO HISTORICAL EDITIONS
LONDON
1988

ISBN for Wiltshire volumes: 0 948459 48 4
ISBN for this volume: 0 948459 81 6

Printed in England

ALECTO HISTORICAL EDITIONS
46 Kelso Place, London W8 5QG, England

This volume of the
County Edition
of
Great Domesday Book
is limited to
one thousand copies

This is set number
133

DEDICATED

BY GRACIOUS PERMISSION

TO

HER MAJESTY

THE QUEEN

PREFACE

The Facsimile Folios

The original manuscript of Great Domesday Book was made up of 47 separate gatherings, or quires. Each gathering consisted of a number of parchment sheets folded one inside the other and sewn into a booklet, the folios having previously been written so that they read consecutively in the manner of a modern newspaper. Sometimes an extra half-sheet was attached by a guard stitched inside the gathering or folded outside round the spine. The present facsimile replicates the arrangement of the folios of this county exactly, and their position in the manuscript is shown diagrammatically in Appendix III at the end of the *Domesday Book Studies* volume.

An exceptional quantity of notes and signs were added in the margins of Great Domesday Book, both at the time of its compilation and also subsequently when the manuscript was in use as a working document. The high quality of this facsimile has made it possible for the vast majority of these marginalia to be reproduced for the first time. Their date and purport are signalled in the margins of the translation by a system of symbols of which the key is to be found in *Domesday Book Studies* as Appendix I.

The Latin text is heavily abbreviated, especially since the repetitive contents of Great Domesday Book were expressed by standard formulae. A guide to the system of abbreviation employed in this particular manuscript is given in Appendix II.

The translations will be found at the end of the accompanying county volume. Each page has been laid out to match the arrangement of its corresponding folio and bears the same folio number. This correlation provides a convenient method of reference between the facsimile and its translation and also enables the Indices to serve both.

The Maps

Two maps are supplied with this volume; a general map of Domesday England and a large-scale county map. The former is a distribution map of all the settlements mentioned in Domesday Book overlaid by the outlines of the counties and the locations of the boroughs, bishops' sees, and land-owning monasteries throughout the kingdom at that time.

The county map marks a considerable advance on previous attempts to plot the topographical information contained in Domesday Book, because its unprecedented scale enables both ancient and modern features to be related. For the method of determining the boundaries of the hundreds or wapentakes, see the article devoted to the subject in the volume containing the Introductions and Translation, and for a statement of the policy governing the identification of place-names see the Notes to the Index of Places in the same book. Throughout this edition the configurations of the counties are those that existed prior to their restructuring in 1974, since before that date there has been relatively little change to their number or extent since the time of Domesday Book.

R. W. H. Erskine, *General Editor*

Wiltshire: Folios 64–74

In Burgo Malmesberie habet rex .xxvi. masuras hospitatas. 7 xxv. masuras in qb; st dom que n reddunt geld plusquā uasta tra. Vna quaq; harū masurarū redd. x. den de gablo. hoc ē simul. xl. iii. sol 7 vi. den. 7 seruitiū reddit.
De feudo epi baiocsis. ē ibi dimidia masura uasta. que nullū
Abb malmesbie ht. iiij. mas 7 dimid. 7 foris burg. ix. coscez q geldant cū burgsib. Abb Glastingbiens ht. ii. masur.
Eduuard uicecom. iii. masur. Radulf de mortem. i. 7 dimid. Durand de Glouuec. i. 7 dim. Wills de ow. i. Hunfrid de insula. i. Osbn Gifard. i. Alured de Merlebge. dimid mas uastā. Goisfrid marescal similit. Iovi. i. 7 qrtā parte uni mas. Drogo. f. ponz. dimid. Uxor Edric. i. Rog de berchelai. i. mas de firma regis. 7 Ernulf de hesding. i. similit de firma regis. quā incaute accep. he due nullū seruitiū reddunt.
Rex ht unā uastā masuram de tra quā Azor tenuit.

HIC ANNOTANTUR TENENTES TRAS IN WILTESCIRE

Rex habet de burgo Wiltunie. l. lib. Rdo herueus recepit ad custodiend reddeb. xxii. libras.
De Wiltescire ht rex. x. lib p accipitre. 7 xx. solid p sumario. p feno. c. solid 7 v. oras.
De dimid molino ap Sarisberie ht rex. xx. solid ad pensum.
De tcio denario Sarisberie. ht rex. vi. lib. De tcio denario Merleberge. iiij. lib. De tcio denar Crichelade. v. lib. De tcio denario Bade. xi. lib. De tcio denario Malmesberie. vi. lib.
De Cyrceto: lx. lib ad pondus. H reddit Edwardus uicecomes.
Walterius hosed de. ii. parab burgi Malmesberie. redd. viii. lib regi. [illegible] reddeb ipsū burgū T.R.E. 7 in hac firma erant placita hundret de Cicemtone 7 Sutelesberg q regi ptineb. De moneta redd ipsū burg. c. solid.
[illegible] burgo habuit Herald com un agr tre. in q sunt. iiij. masure. 7 vi. alie uaste. 7 un molin redd. x. solid. hoc tot reddeb. c. sol. T.R.E.
[illegible] ibat in expedition t tra t mari: habeb de hoc burgo aut. xx. solid ad pascendos suos buzecarl. Aut unū hominē duceb secū p honore. v. hidarū.

TERRA REGIS.

Rex tenet Cauna. Rex. E. tenuit 7 nunq geldauit. ido nescit quot hide sint ibi. Tra. ē. xxix. car. In dnio sunt. viij. car. 7 viij. serui. Ibi. xxx. vij. uitti 7 lxxviij. bord. 7 x. colibti. hntes. xxi. car. Ibi. xl v. burgenses. 7 vij. molini reddtes. iiij. lib 7 xii. sol 7 vi. den. 7 l. ac pa. 7 pastura ii. leu lg. 7 una leu lat. H uilla redd firmā uni nocis cū omib
Hui o ecctam ten Nigell de rege cū. vi. hid tre. 7 cū cluetud. Tra. ē. v. car. In dnio st. ii. 7 vi. serui. Ibi. vij. uitti 7 ii. bord. 7 xi. cozets cū. iii. car. Ibi. ii. molini de. xx. sol. 7 xxv. burgses redd. xx. solid. Silua. ii. qrc lg. 7 una qrc 7 xxiiij. ac lat. Pastura. iiij. qrent lg. 7 ii. qrc lat. Tot ual. viij. lib.
Alured de hispania ten. v. hid tre. qs Nigell calumniat. H tra testimonio scire ptinuit ad ecclam. T.R.E.
Rex ten Beduinde. Rex. E. tenuit. Nunq geldauit. nec hidata fuit. Tra. ē qt. xx. car una min. In dnio sunt xii. car. 7 xviii. serui. Ibi qt. xx. uitti. 7 lx. cozets 7 xiiij. colibti. Ibi. viii. molini redd. c. sol. Due silue hntes. ii. leu lg. 7 una leu lat. Ibi. cc. ac pa. 7 xii. qrc pasture lg. 7 vi. qrc lat. Huic o ptin. xxv. burgenses. [margin: cū lx. vii. car.]
H uilla redd firmā uni nocis cū omib; cluetudinib.
In hoc o fuit T.R.E. lucus hns dimid leu lg. 7 iii. qrel. [illegible] 7 erat in dnio regis. Modo tenet eū henric de ferreres.
Rex ten Amblesberie. Rex. E. tenuit. Nunq geldauit nec hidata fuit. Tra. ē. xl. car. In dnio sunt. xvi. car. 7 lv. serui. 7 ii. colibti. Ibi qt. xx 7 v. uitti 7 l vi. bord hntes. xxiij. car. Ibi. viii. molini. redd. iiij. lib 7 x sol. 7 lxx. ac pa. Pastura. iiii. leu lg. 7 iii. leu lat. Silua vi. leu lg. 7 iiij. leu lat.
hoc o [illegible] cū appendic suis redd firmā uni nocis [illegible] cluetudinib.
In hoc o numerant tre. iii. tainorum quas ipsi tenēb T.R.E. has ded Wills com in Amblesbie p mutuatione Bortone.
De hui o tra. ii. hid ded rex. E. in sua infirmitate abbatisse Wiltuniensi. qs nunq antea habuerat. postea uo eas tenuit. Wills com ded Quintone 7 Suandone 7 cheurel que erant tainlande. p tra de insula de Wit que ptineb ad firmā de Amblesberie.
Rex ten Guerminstre. Rex. E tenuit. Non geld. nec hidata fuit. Tra. ē. xl. car. In dnio st. vi. car 7 xxiiij. serui. 7 xii. porcarii. Ibi. xv. uitti 7 viij. co[illegible] 7 xiiii. colibti. cū. xxx. vi. car. Ibi. vii. molini de. [illegible] lib. 7 qt xx. ac pa. Pastura. i. leu lg. 7 dim leu lat. Silua ii. leu lg. 7 ii. lat. Ibi. xxx. burgses.
hoc o redd firmā uni nocis cū omib; cluetudinib [illegible]
Rex ten Chepehā. Rex. E. tenuit. Non geldauit. nec hidata fuit. Tra. ē. c. car. In dnio sunt. xvi. car. 7 xxviij. serui. Ibi. xl viij. uitti 7 xl v. bord. 7 xx. cot. 7 xxiii. porcarii. Int oms hnt. lx vi. car. Ibi. xii. molini de. vi. lib [illegible] ac pa. Silua. iiii. leu in lg 7 lat. Pastura. ii. leu lg. [illegible] lat. hoc o cū append suis redd firmā uni nocis cū omib; cluetudinib. uat. c x. lib ad numerū.
Hui o ecclam cū. ii. hid ten Osbn eps ex T.R.E. Una ex [illegible] hid ē tainlande. altera ptin ecclæ. Tot ual. l v. solid.
Huic o ptin una tra quā rex. E. dederat Uluiet [illegible] suo. 7 erat de dnio suo. H in firma regis. ē m. 7 p una hida [illegible] Tra. ē. ii. car. 7 ipse ibi st. 7 iii. serui. 7 iiii. uitti 7 iiij. co[illegible] cū. i. car. Pastura. iiij. qrc lg. 7 una qrc lat. Val. iij. lib.
In firma hui o ē dimid v tre que fuit tainlande. Edricus tenuit T.R.E.

Rex ten Bretford. Rex. E. tenuit. 7 p una hida
geldauit. Tra. e. xx. car. In dnio st. ii. car. 7 vi. serui.
7 x. colibti. Ibi xii. uitti 7 vi. bord 7 xiiij. cozets.
cu. xvii. car. Ibi. ii. molini de. xx. sol. 7 c. ac pti.
pastura. i. leu lg. 7 dim leu lat.
Hoc m redd. xxx. lib ad pensu. Silua. e in manu regis
inde ht. xl. sol in firma sua. Val. xl. sol.
Hui m ecclam ten Osbn pbr cu. i. hida tre pan eccle.

Rex ten Theodulveside. Rex. E. tenuit. Nongel
dauit nec hidata fuit. Tra. e. xl. car. In dnio st. ix. car.
7 xxii. serui. 7 x. colibti. Ibi. xxx iiij. uitti 7 xxx ii. cozets.
cu. x viij. car. Ibi. ix. molini de. c. sol 7 xxx. den. 7 lxvi.
burgenses reddtes. l. sol. Ibi. i. leu pa in lg. 7 dim lat.
Pastura. i. leu 7 dim lg. 7 una leu lat. Silua. ii. leu lg.
7 una leu lat. c. lib ad numeru.
Hoc m redd firma uni noctis. cu csuetudinib suis. 7 Val.

Rex ten Contone. Herald com tenuit. 7 p. x. hid geld.
Tra. e. x. car. In dnio st. ii. car. 7 ii. serui. 7 xviij.
uitti 7 ii. bord cu. viii. car. Ibi molin de. xii. solid 7 vi.
den. 7 xx. ac pti. 7 viij. ac pasture. 7 xv. ac siluae.
Hoc m redd. xii. lib ad pensu.

Rex ten Rusteselve. Nunq hida tenuit T.R.E. 7 gel
dabat p. xxx vii. hid cu appendic suis.
Tra. e. xx vij. car 7 dimid. In dnio st. xix. hide.
7 ibi. xii. car. 7 xxx vij. serui. Ibi xx viij. uitti 7 xl.
bord cu. xiiij. car. Ibi. v. molini de. lxx ii. solid.
7 c xii. ac pti. Pastura. iii. leu lg. 7 dimid 7 una leu 7 dim
in lat. Silua. i. leu lg. 7 dim leu lat.
Valuit uat. xxx ii. lib 7 x. solid.
Hui m ecclam ht s Wandregisilus. cu. ii. hid tre
7 ibi. e una car 7 dimid. Val. xl. solid.

Rex ten Aldeborne. Nunq hida tenuit T.R.E. 7 gel
dab p. xl. hid. Tra. e. xl vi. car. In dnio st. xviii. hide.
7 ibi. x. car. 7 xx v. serui. 7 xiiij. colibti. Ibi. lxx iij. uitti
7 xxx viii. cozets. cu. xx vi. car. Ibi. iiij. molini de. xvi.
sol 7 viij. den. Pratu. i. leu lg. 7 v. qx lat. Pastura
una leu lg. 7 dim leu lat. Silua. ii. leu lg. 7 dim leu
lat. Huic m ptin. iiii. burgses in Crichelade. reddtes
lx iiii. den. nisi. lx. lib ad numeru.
Hoc m redd. lxx. lib ad pensu. sed ab anglis n appciat
Ad ecclam hui m ptin. ii. hide. Tra. ii. car. Has
ht pbr eid eccle. 7 uat. xl. solid.

Rex ten Cosseham. Tosti com tenuit T.R.E. Ibi st. xxx iiij.
hide. sed p. x viii. hid redd geld. Tra. e. l. car.
In dnio st. xi. hide. 7 ibi. vij. car. 7 x. serui. Ibi. lx v.
uitti. 7 xl viij. cozets. 7 ix. cot cu. xxx viii. car.
Ibi. ii. molini de. viii. sol 7 vi. den. 7 xxx ii. ac pti.
7 una hida pasture. 7 ii. leu siluae in lg 7 lat.
Hoc m cu append redd. xxx. lib ad pensu. Angli u
appciant ad xxx i. lib ad numeru.
Hui m ecclam ht s Stefan cadom. cu. iii. hid tre.
Tra. e. v. car. Has ht ibi. ix. uitti cu. vii cozets.
Eccla de Pauelhou q adiacet huic m. Val. vii. lib.
ten Edgar. 7 pat ei tenuit. Val. v. solid.

Rex ten Melchesham. Herald com tenuit. 7 p qt xx 7 iiii.
hid geldauit cu appendic suis. Tra. e. lx. car.
In dnio st. xxx iiij. hide. 7 ibi. xix. car. 7 xxx v. serui.
7 xxxi. colibti. Ibi. c. uitti. viij. min. 7 lx vi. bord hntes
xxx ix. car. Ibi. viii. molini reddtes. vii. lib 7 vi. sol.
7 c xxx. ac pti. 7 viii. leu pasture in lg 7 lat. Silua
iiij. leu int lg 7 lat. Redd c. 7 xx lib ad numer.
Hoc m redd. c. 7 xi. lib 7 xi. sol ad pensu. Angli u appciant

Hui m ecclam cu. i. hida tre ht Rumold pbr. 7 uat. xl. sol.

Rex ten Cumbe. Nunq hida tenuit T.R.E. 7 geldb p xxiii. hid
7 dimid. Tra. e. xx. car. In dnio st. xi. hide. 7 ibi. iii. car.
7 vii. serui. Ibi. xx viii. uitti 7 vii. bord. 7 xl iii. cozets. hntes
xvii. car. Ibi. ii. molini redd. xxv. sol. 7 lx. ac pti. Pastura
una leu lg. 7 alia lat. 7 x. ac parue siluae.
Hoc m redd. xx iiij. lib ad pensu. T.R.E. tantd ad numeru.
Ecclam hui m cu dimid hida tre ten Leuric pbr. uat. xx. solid.

Rex ten Bromham. Herald com tenuit. 7 p. xx. hid geldauit.
Tra. e. x. car. In dnio st. x. hide. 7 ibi. ii. car. 7 iii. serui.
Ibi. xiiii. uitti 7 vi. bord 7 xxx. cozets. cu. viii. car. Ibi ii. molini
de. v. solid. 7 xl. ac pti. 7 xii. ac pasture. Silua. v. qx lg.
7 iii. qx lat. Valuit. xx. lib. modo. xx iiij. lib.
De tra uillou ten. pbr una hid 7 una v tre. de rege. Val. xv. sol.

Rex ten Otone. Eddid regina tenuit. 7 geldb p. xxx. hid. una v min.
Tra. e. xxx. car. In dnio st. xiii. hide 7 una v tre. 7 ibi. ii. car.
7 xii. serui. Ibi. xl. uitti 7 xvij. coscez. cu xiiij. car.
Ibi. vi. ac pti. 7 pastura vi. qx lg. 7 iij. qx lat. Silua. vi. qx
lg. 7 tntd lat. Valuit. xx vi. lib. m. xxx. lib.
Hui m ecclas duas cu. i. hida tre ten s Michael de monte.
Val. xx. solid.

Rex ten Westberie. Eddid regina tenuit. 7 geldauit
p. xl. hid. Tra. e. xl vij. car. In dnio st. xv ii. hide. 7 ibi
vii. car. 7 xx viij. serui. 7 xvi. colibti. Ibi. xxx viij. uitti 7 xx iii.
bord 7 ix. mellitarii. Int oms hnt. xl. car. Ibi potarii reddt
xx. sol p annu. 7 vi. molini reddt. lxx. sol 7 vi. denar. 7 qt xx.
ac pti. Pastura. iii. leu lg. 7 iii. leu lat. Silua. iii. leu lg.
7 dim leu lat. Ibi. xx ix. porcarii. 7 ibi ht. vii. car.
Hoc m redd. c. lib ad numeru.
De ead tra hui m ht eccla hida 7 dimid. Witts. iiij. hid 7 dimid. 7 scudet. 7 qda clerici ten. Eccla ualet [illegible] solid [illegible]

Rex ten Wintreburne. Eddid regina tenuit. 7 geldb p. ii. hid.
7 una v tre. Tra. e. xii. car. In dnio. e dimid v tre. 7 ibi. iij. car.
7 xi. serui. 7 v. colibti. Ibi. xv. uitti 7 xv. bord cu. viii. car.
Ibi molin de. x. sol. 7 viij. ac pti. Pastura. ii. leu lg. 7 tntd lat.
Valuit 7 uat. xxx iij. lib. Eccla eid m ht. i. hid de ipsa tra.
Abb gemeticensis ten hanc ecclam cu tra. 7 uat. lx. solid.

Rex ten Higravre. Herald com tenuit. 7 geldb p. xx. hid.
Tra. e. xx ij. car. In dnio st. ii. hide. 7 ibi. vi. car. 7 xl vi. serui.
7 viij. colibti. Ibi. xxx. uitti 7 xl. bord. cu xvi. car.
Ad hoc m ptin. v. burgses in Wiltune. reddt. vi. sol. Ibi. iii. mo
lini redd. xxx solid. 7 lxx. ac pti. Pastura. iij. leu lg. 7 dimid
leu lat. Valuit. xl. lib. modo. l vij. lib.
De hac tra hui m ten Herueus hida 7 dimid. 7 ibi ht. i. car.
7 un taini ht. ii. hid 7 dim. 7 ibi ht. i. car.
Ecclam hui m cu una hida ten Nigell medicus. Ti cu omib
appendic suis uat. xxx ii. lib. Ipsa u uasta est 7 ita discoopta.
ut pene corruat.

Rex ten Colingeburne. Herald com tenuit. 7 geldb. p. xx. hid.
Tra. e. xl v. car. In dnio st. v. hide. 7 ibi. v. car. 7 xii. serui.
Ibi. xl ix. car. 7 xx vi. bord. cu. xv. car. 7 xx. ac pti. Pastura
ii. leu lg. 7 una leu lat. Silua. i. leu lg. 7 tntd lat. 7 tcia pars
siluae que uocat Cetum. Val. xl. lib. modo. lx. lib.
Ad ecclam ptin dimid hida. hui eccle decima ten Giraldus
pbr de Wiltone. 7 uat. x. solid. Eccla uasta. e 7 dissipata.

Rex ten Chenvel. Eileua tenuit T.R.E. 7 geld p. xxx. hid.
Tra. xv. car. In dnio st. xvii. hide 7 dimid. 7 ibi. v. car. 7 x. serui.
Ibi. xvi. uitti 7 x. bord. 7 xv ij. coscez. cu x. car.
Ibi. xv. ac pti. 7 pastura. i. leu lg. 7 dimid leu lat. Silua dimid
leu lg. 7 tntd lat. Valuit. xx viii. lib. m. xxx. lib.
De hac tra ht Gislebt. i. hid. Ibi st. iii. bord. Val. viii. sol 7 vi. den.

Rex ten Lidiarde. Godric tenuit T.R.E. 7 geldb p. x. hid.
Tra. e. viii. car. In dnio. vi. hide una v min. 7 ibi. iiii. car. 7 ix. serui.
Ibi. x. uitti. 7 vi. bord hnt. vi. car. Ibi molin de. xxx ii. den. 7 xx.
ac pti. Silua. i. leu lg. 7 dimid leu lat. Valuit. x. lib. m. xii. lib.
Hae duae uillae fuer Witti comitis.

Rex ten Ocheborne. T.R.E. geldb p. xxx. hid. Tra. e. xxv. car. In dnio sunt. xxviii. hide. 7 ibi. iiii. car. 7 vi. serui. Ibi. xxiiii. uitti 7. xiiii. bord hnt. x. car. Ibi. vi. ac pti. 7 pastura dimid leu lg. 7 iiii. qrent lat. 7 tantund silue. Valet. xxv. lib.

Radulf pbr ten ecctam de Wadt. 7 ad ea ptin. iii. hide q n geldb T.R.E. Tra. e. ii. car. has ht ibi pbr cu vi. bord. 7 x. ac pti. Val. c. sol.

Vitalis pbr ten ecctam de Burbece. cu una v tre. Val. xx. sol.

Rainbold pbr ten ecctam de Pevesie. cu una car tre. Val. xx. sol.

Rainbold pbr ten ecctam de Amblesberie. ad qua ptin. ii. hide. Val. xl. sol.

Aluuard pbr ten ecctam de Hestrebe. ad qua ptin. iii. hide. Tra. e. ii. car. Ipse e ibi cu. ii. uittis vi. cot. 7 vi. ac pti. Val. lx. sol.

Osbn eps ht ecctam de Haseberie. cu dimid v tre. Val. x. sol.

Scs Wandregisilus ten ecctam de Sorstain. ad qua ptin. iii. virg tre. Val. xxiiii. solid. Similit ten ecctam de Otrauebone. ad qua ptin. ii. hide 7 dim. Tra. e. ii. car. Val. x. lib 7. xv. solid.

Osmund eps ten de rege dimid ecctam in elemosina. ad qua ptin dimid hida. Ibi. e. i. car. cu. v. bord. 7 molin de. vi. sol. Valet. xxv. solid.

Witts de Belfou ht. i. hid cu una eccla in Merleberge. Valet xxx. solid.

Bristoard pbr ten ecctam de Bedvinde. Pat ei tenuit T.R.E. Ibi ptin una hida 7 dimid. Tra. e. i. car. q ibi. e. Valuit 7 uat. lx. solid.

Fac.

TERRA EPI WINTONIENSIS.

.II. Eps Wintoniensis tenet Duntone. T.R.E. geldau p. c. hid trib min. Due ex his n fuer epi. qa ablate fuer cu aliis trib de eccta 7 de manu epi tpr Cnut regis. Tra. e. xl vi. car 7 dimid. De hac tra e in dnio. xxx. hide. 7 ibi. xiii. car. 7 xl. serui. Ibi. lxiiii. uitti 7 xxvii. bord hntes. xvii. car. Ibi vii. molini redd. lx solid. 7 lx. ac pti. Pastura. ii. leu lg. 7 una leu lat. Silua. una leu 7 dimid lg. 7 dimid leu lat.

De ead tra hui M ten Witts de Braiose. xiiii. hid. Waleran v. hid. Radulf. v. hid. Ansgot. iii. hid 7 dim. Rex ht in sua foresta. iiii. hid. Eccta eid M ht. iiii. hid. Omis hi de epo ten. Qui has tras teneb T.R.E. n se poterant ab eccta separare. Qdo Walchelin eps hoc M recepit: uatb lx. lib. Modo qd ht in dnio. uat. lxx. lib. Qd milites: xxiii. lib. Qd eccta: iii. lib.

Idem eps ten Fontel. T.R.E. geldb p. x. hid. Tra. e. vii. car. In dnio de hac tra st. v. hide. 7 ibi. ii. car. 7 v. serui. Ibi. viii. uitti 7 v. bord. cu. iii. car. Ibi molin de. v. solid. 7 viii. ac pti. Pastura. dim leu lg. 7 iii. qx lat 7 tntd silue. Valuit. x. lib. Modo. xiiii. lib.

Idem eps ten Elhide. Eduuard de eo. 7 geldb p. v. hid T.R.E. Tra. e. iii. car. De hac tra. iii. hide st in dnio. 7 ibi. ii. car. cu. i. seruo. Ibi. iii. uitti 7 ix. bord cu. ii. car. Ibi. iii. ac pti. 7 xxx. ac pasture. Silua. iii. qx lg. 7 una qx lat. Valuit 7 uat. c. sol. [H tra fuit capicerii eccle. Alsi monac tenuit de epo.]

Hec Sunt De Victu Monachorum.

Ide eps ten Aultone. 7 geldb p. xx. hid T.R.E. Tra. e. xiiii. car. De hac tra st. vi. hide 7 una v tre in dnio. 7 ibi. iiii. car. 7 viii. serui. Ibi. xxvii. uitti 7 xv. coscez. cu. viii. car. Ibi. ii. molini de. xii. sol 7 dim. 7 c. ac pti. Pastura. vi. qrent lg. 7 iiii. qx lat. Silua. vii. qx lg. 7 ii. qx lat.

De ead tra ten Witts scudet. iii. hid de epo. 7 ibi ht. ii. car. Qd monachi hnt: uat. xxiiii. lib. Qd Witts: c. solid.

Idem eps ten Hame. T.R.E. geldb p. x. hid 7 dim. 7 dimid virg tre. Tra. e. vii. car. De hac tra. v. hide 7 dimid st in dnio. 7 ibi. iii. car cu. i. seruo. Ibi. ix. uitti 7 x. coscez. cu. iii. car. Ibi. viii. ac pti. Pastura. iii. qx lg. 7 una qx lat. Silua. vi. qx lg. 7 iii. qx lat.

De ead tra ten Witts. ii. hid de epo. Qui eas tenuit. n poterat ab eccta recedere. Valuit hoc M. vi. lib qdo eps recep. Modo dnium uat. ix. lib. Qd Witts ten. iii. lib.

Idem eps ten Westwode. T.R.E. geldb p. iii. hid. Tra. v. car. De hac tra. ii. hide in dnio. 7 ibi. iii. car. 7 iii. serui. Ibi. vi. uitti 7 iiii. bord cu. i. car. Ibi molin redd. x. sol. 7 vi. ac pti. Silua. ii. qx lg. 7 una qx lat. Qdo recep eps uatb. vi. lib. Modo. iiii. lib.

Idem eps ten Elendune. T.R.E. geldb p. xxx. hid. Tra. e. xii. car. De hac tra st in dnio. xv. hide. 7 ibi. iiii. car. 7 iii. serui. Ibi. xxv. uitti. 7 xiiii. bord hnt vii. car. Ibi. vi. molini redd. xl ii. sol. 7 vi. denar. 7 lx. ac pti. Pastura dimid leu lg. 7 iii. qrent lat. 7 xx. ac silue.

De hac tra ht un miles. i. hid 7 dimid. 7 ht ibi. i. car. Godric qui tenuit T.R.E. n potuit ab eccta separari. Qdo eps recep: uatb. xiiii. lib. Val modo. xviii. lib.

Ipse eps ten Clive. T.R.E. geldb p. x. hid. Tra. e. v. car. De ead tra st in dnio vi. hide 7 dimid. 7 ibi. ii. car. 7 iii. serui. Ibi. vii. uitti. 7 iii. coscez. cu. ii. car. Ibi. xxx. ac pti. Silua. ii. qx lg. 7 una qx lat. Qdo eps recep: uatb. iii. lib. Modo. vi. lib.

Idem eps ten Wemberge. T.R.E. geldb p. xix. hid. Tra. e. x. car. De ead tra. ix. hide st in dnio. 7 ibi iii. car. 7 vi. serui. Ibi. xix. uitti 7 xiii. bord cu. v. car. Ibi molin redd. v. solid. 7 xl. ac pti. Pastura dimid leu lg. 7 xv. qrent lat. De hac tra ten Richer. i. hid. Qdo recep eps: uatb. xv. lib. Modo: xviii. lib.

Idem eps ten Enedforde. T.R.E. geldb p. xxx. hid. Tra. e. xxiiii. car. De ead tra. x. hide st in dnio. 7 ibi. iii. car 7 vi. serui. Ibi. xii. uitti 7 xv. bord cu. x. car. Ibi. ii. molini redd. xxv. solid. 7 xxiiii. ac pti. Pastura. ii. leu 7 dim lg. 7 una leu 7 dimid lat.

De ead tra ten Witts. v. hid. 7 Herald. ii. hid. Unus anglic. iii. hid. Ibi hnt. x. car. Pbr ht. i. hid. Qui tenuer T.R.E. n poterant ab eccta separari. Qdo eps recep: uatb. xxx. iiii. lib. Modo dnium uat. xx. lib. Qd pbr 7 milites ten: xix. lib.

Idem eps ten Overtone. T.R.E. geldb p. xv. hid. Tra. e. vii. car. De ipsa tra st in dnio. viii. hide 7 dim. 7 ibi. ii. car. Ibi uitti hnt. v. car. Ibi. xv. ac pti. Pastura. viii. qx lg. 7 iiii. qx lat. Silua. v. qx lg. 7 ii. qx lat.

De ead tra ten Durand. ii. hid. dimid v min. qui tenuit T.R.E. n poterat ab eccta separari. Valuit 7 uat. xx. sol. Dnium uat. viii. lib. Qdo eps recep: uatb. vi. lib.

Idem eps ten Stottune. T.R.E. geldb p. x. hid. Tra. e. vi. car. De ipsa tra st in dnio. iii. hide 7 dimid. 7 ibi. ii. car. 7 iii. serui. Ibi. iiii. uitti. 7 vi. bord cu. ii. car. Ibi molin de. x. solid. 7 x. ac pti. Pastura. v. qx lg. 7 ii. qx lat. 7 xl. ac silue. Ibi hnt. ii. car.

De ead tra ten Richeri. ii. hid. 7 Anschitil. ii. hid 7 dim. Hoc M qdo eps recep: uatb. viii. lib. Modo dnium. uat. c. solid. 7 x. sol. Qd hoes ten. uat. iiii. lib. Terra q ten: n potert ab eccta T.R.E. separari.

.III. TERRA EPI SARISBERIENSIS.

Eps SARISBERIENSIS ten POTERNE.
T.R.E. geldau p. lii. hid. Tra. e. xl. car.
De hac tra. x. hide st in dnio. 7 ibi. vi. car. 7 iiii.
serui. 7 v. colibti. Ibi. xx ix. uitti 7 xl. bord cu. xxx.
car. Ibi. vi. molini reddt. xl iii. sol. 7 iiii. denar.
7 xl. ac pti. pastura. ii. leu 7 dim lg. 7 una leu 7 iii.
qrent lat. Silua. i. leu lg. 7 x. qrent lat.
Dniu epi ual 7 ualuit. lx. lib.
De ead tra hui m ten. ii. angli. vi. hid. 7 una v træ.
Vn ex eis. e miles iussu regis. 7 nepos fuit hermanni epi.
7 Aluuard ten. iii. hid. qs Wluuard T.R.E. ab epo h.
emit in uita sua tant. ut postea redirent ad firmā epi.
qa de dnio epi erant. Hi tam hnt. iiii. car ibi.
cu. ii. seruis 7 ix. bord. Val. vii. lib.
Id pbr hui m ten. ual. xl. solid.
De tra eid m ten Arnulf de hesding. iii. hid 7 una v.
de rege. Eps u calumniat eas. qm qui tenuit T.R.E.
n poterat ab epo separari.
Idem eps ten CAININGHA. T.R.E. geldb p. lxx. hid.
Tra. e. xl v. car. De hac. x. hide st in dnio. 7 ibi
v. car. 7 vi. serui. Ibi. xl viii. uitti 7 xl. bord.
cu. xx viii. car. Ibi. vi. molini redd. vii. sol 7 vi. den
7 xxx. ac pti. Pastura. i. leu lg. 7 viii. qrent lat.
Silua. i. leu lg. 7 x. qrent lat. In burgo CAVNE
una dom ptin huic m. redd. xx. den p annu.
De ead tra hui m ten pbr. ii. hid. Ebrard. x. hid.
herman. iiii. hid. Quintin. iii. hid. Walter. ii. hid.
Brictuuard. v. hid. Aluuard. i. hid. Uxor pposita. i. hid.
Hi hnt. viii. car. cu. iii. uittis 7 xxx. bord hntib. ii. car.
Dnium epi. ual. lx. lib. Qd alii ten. ual xxxv. lib.
Idem eps ten RAMESBERIE. T.R.E. geldb p qt xx. 7 x.
hid. Tra. e. l iiii. car. De hac tra xxx. hide st in
dnio. 7 ibi. viii. car. 7 ix. serui. Ibi. lx. viii. uitti 7 xl
7 iii. bord hntes. xx ix. car. Ibi qt xx. ac pta. 7 x. mo
lini reddt. vi. lib 7 xxx. den. Pastura. xiiii. qrent
lg. 7 v. qx lat. Silua. xvi. qx lg. 7 iiii. qx lat.
De ead tra hui m ten pbri. iiii. hid. Otbold. xii.
hid. herbt. v. hid. Quintin. v. hid. Uxor pposita. i. hid.
Hi hnt in dnio. xi. car. 7 xxxi. bord cu. vi. car.
In crichelade. v. burgses ptin huic m redd. v. sol.
Dniu epi. ual. lii. lib. 7 xx. sol. Qd alii ten: xvii. lib.
Ide eps ten SARISBERIE. T.R.E. geldb p. l. hid. Tra. e. xxxii. car. De hac tra. x. hide st in dnio.
7 ibi. viii. car. Ibi. xxv. uitti 7 l. bord. cu. xvii. car.
In Wiltune. vii. burgses ptin huic m redd. lxv. den.
In m. iiii. molini de. xl vii. sol 7 vii. den. 7 dimid
molin de. xxx. solid. 7 c xl. ii. ac pti. Pastura. xx.
qrent lg. 7 x. qx lat. 7 alibi. v. qrent pasturæ lg.
7 una qx lat. Silua. iiii. qx lg. 7 ii. qx lat.
De ead tra hui m ten Eduuard. v. hid. Odo. v. hid.
hugo. iii. hid una v min. Qui has tenuer T.R.E.
n poterant ab epo separari. Ibi sunt in dnio. v. car.
7 iii. uitti 7 xvii. bord cu. ii. car. Hi ual. v. solid. / x. solid.
Dnium epi ual. xl vii. lib. Qd hoes ten. ual. xvii. lib.
Idem eps ten CHEDELWICH. Algar tenuit T.R.E. 7 geldb
p. v. hid. Tra. e. iii. car. De hac tra. iiii. hide st in dnio.
7 ibi. ii. car. 7 iii. uitti 7 vi. bord 7 ii. coscez. cu. i. car
7 dim. Ibi. x. ac pta 7 dimid. pastura. iii. qx lg. 7 ii. qx lat.
Silua. ii. qrent lg. 7 una qx lat. Valuit xl. sol. m. ii. lib.
Hc de excabio SECHELEIA. hugo ten de epo.

.IIII. TERRA EPI BAIOCENSIS.

Eps BAIOCENSIS ten TODEWORDE 7 Odo de eo. Eddulf
tenuit T.R.E. 7 geld p. v. hid. Tra. e. iii. car. De hac tra st
in dnio. iiii. hide una v min. 7 ibi. ii. car. 7. ii. serui. Ibi
un uitts 7 vi. bord. cu. i. car. Ibi pastura. iii. qx lg. 7 ii. qx
lat. Val. iiii. lib 7 x. solid.
Ide eps ten WADHULLE 7 Odo de eo. Eddulf tenuit T.R.E.
7 geld p. vi. hid. Tra. e. iii. car. De hac tra st in dnio. v. hide
7 ibi. ii. car. 7 vi. serui. Ibi un uitts 7 iiii. bord cu. i. car.
Ibi. xii. ac pta. 7 pastura. i. qx lg. 7 tntd lat. Silua
una qx lg. 7 iii. acs lat. Val. iiii. lib.
Idem eps ten SUINDUNE 7 Wadard de eo. Leuiet
tenuit T.R.E. 7 geld p. v. hid. Ex his una. e in dnio
7 ibi. i. car. 7 iiii. serui. Ibi. v. uitti 7 ii. bord cu. ii. car.
Ibi molin de. iiii. sol. 7 xxx. ac pta. 7 tntd pasturæ. Valuit xl. sol. / modo. iiii. lib.
Ide eps ten DECHEMENTONE. 7 Robt de eo. Azor tenuit T.R.E. 7 geldb
p. ii. hid. Tra. e. ii. car. Has hnt ibi. xviii. cotar. 7 iii. molini st ibi
redd. xx vii. sol. 7 iiii. ac pta. 7 x. ac pasturæ. Valuit. c. sol. m. viii. lib.

.V. TERRA EPI CONSTANTIENSIS.

Eps CONSTANTIENSIS ten DRAICOTE. 7 Rogeri de eo.
Aluuard 7 Elnod tenuer p. ii. maner T.R.E. 7 geld p. v. hid.
Tra. e. ii. car 7 dimid. De hac tra st in dnio. iiii. hide una v min.
7 ibi. ii. car. 7 iii. serui. Ibi. iiii. bord 7 vii. coscez hnt dimid car.
Ibi. lx. ac pasturæ. Valuit. xx. sol. modo. lx. solid.
Ide eps ten WITHENHA 7 Rogeri de eo. Aluet tenuit
T.R.E. 7 geld p v. hid. Tra. e v. car. De hac tra. iii. hide
st in dnio. 7 ibi. i. car. 7 iii. serui. Ibi. v. uitti 7 v. bord
cu. iiii. car. Ibi molin redd. xii. sol 7 vi. den. 7 x. ac pta.
7 xvi. ac siluæ. Pastura. ii. qx lg. 7 una qx lat.
Valuit 7 ual. iiii. lib 7 x. sol.
Idem eps ten WINEFEL. 7 Roger de eo. Azor tenuit T.R.E.
7 geld p. iii. hid 7 dim. Tra. e. iii. car. De hac tra. ii. hide
st in dnio. 7 ibi. i. car. Ibi. iii. uitti 7 ix. bord cu. ii car.
Ibi molin redd. xx. sol. 7 vii. ac pta. 7 xx. ac siluæ. pastura
iii. qx lg. 7 ii. qx lat. Valuit 7 ual. lxx. sol.
Ide eps ten MAMESBERIE. Gislebert tenuit T.R.E. 7 geld
p una hida. Tra. e dimid car. De hac tra. st. iii. virg træ
in dnio. 7 ibi dimid car. cu. iii. bord. Ibi. iiii. ac pta.
7 pastura. ii. qx lg. 7 una qx lat. Val. xiii. solid.
Ide eps ten PERTEWORDE. 7 Osbns de eo. Wluuard
tenuit T.R.E. 7 geld p. ii. hid. Tra. e. ii. car. De hac tra
in dnio. e hida 7 dimid. 7 ibi. i. car. Ibi. ii. uitti 7 iii. bord
cu. i. car. Ibi. xx. ac pasturæ. 7 iiii. ac siluæ. Valuit 7 ual / xl. sol.
Idem eps ten LITELTONE. 7 Robt de eo.
Aluuard tenuit T.R.E de abbe Glastingberie. 7 n poterat
ab ipsa æccla separari. 7 geldb p. v. hid. Tra. e. viii. car.
De hac tra in dnio st. ii. hide. 7 ibi. ii. car. 7 iiii. serui.
Ibi. vi. uitti 7 vi. bord cu. v. car. Ibi molin redd. vii. sol
7 vi. den. 7 xv. ac pta. Valuit 7 ual. vii. lib.
Ide eps ten WINTREBVRNE. Lessida tenuit T.R.E.
7 geld p. ii. hid 7 dim. Tra. e. ii. car. De hac tra in dnio
est hida 7 dimid. 7 ibi. i. car. 7 ii. serui. Ibi. v. uitti 7 iiii.
bord cu. i. car. 7 un cotar. Ibi molin redd. xii. sol 7 vi. den. 7 xx. ac
pasturæ. Valuit. xxx. sol qdo recep eps. Modo. iiii. lib.

.VI. TERRA EPI LISIACENSIS.

Eps LISIACENS ten BRUNE. Leuenot tenuit T.R.E. 7 geldb p. ii. hid
7 iii. virg. Tra. e. iii. car. De ea st in dnio. ii. hide. 7 ibi. i. car. 7 ii. bord
7 vi. coscez cu. i. car. Ibi molin redd. x. sol. 7 iii. ac pta. Silua. ii. qx lg.
7 tntd lat. Valuit 7 ual. xl. sol. Turstin ten de epo.
Ide eps ten SUMREFORD. Aluuard tenuit T.R.E. 7 geldb p. x. hid. Tra. e. vii. car.
De ea st in dnio. v. hide. 7 ibi. iii. car. 7 v. serui. 7 xiiii. uitti. 7 viii. bord. cu. iiii. car.
Ibi molin redd. x. sol. 7 c. ac pta. Silua. iii. qx lg. 7 ii. qx lat. Valet. vii. lib.

.VII. TERRA ECCLE GLASTINGBERIENSIS.

ECCLA S MARIE GLASTINGEBERIENSIS ten DOBREHAM
7 geldau T.R.E. p. l ii. hid. Tra. e. xxx. car. De hac tra. xvi.
hide st in dnio. 7 ibi. iiij. car. 7 vi. serui. 7 xxx viij. coliba.
Ibi. xiiij. uitti. 7 xvii. bord cu. xix. car. Ibi. iiij. molini. reddt
xx. solid. 7 xx vi. ac pa. Pastura. iii. leu lg. 7 una leu lat. Silua
v. qz lg. 7 iiii. qz lat.
De ead tra ten Serlo. v. hid. Vxor hugonis. iii. hid. Rogeri
una hid 7 viij. acs. Qui tenuer. T.R.E. n poterant ab eccla separari.
Ibi st. iii. car 7 dimid.
Totu m T.R.E. ualb. xxx vi. lib. Modo redd. lxi. lib. sed ab hoib,
n appciant plusq. xl v. lib. ppt cfusione tre 7 ppt firma q nimis
Terra tainor uat. vii. lib. 7 xv. solid. / e alta.

EAD eccla ten HANINDONE 7 Robt de abbe. Ibi st. xv. hide.
Tra. e. x. car. In dnio st. iii. car. 7 vii. serui. 7 xviii. uitti 7 x. coscez.
cu. vi. car. Ibi. ii. molini redd. viij. sol. 7 una dom redd. v. den.
Pti. iii. qz lg. 7 iii. qz lat. Pastura. iiij. qz lg. 7 iii. qz lat.
In omi ualentia uat. xv. lib. De hac ead tra. iii. hid uendiderat
abb cuida taino T.R.E. ad etate triu hoium. 7 ipse abb habeb inde
seruitiu. 7 postea debeb redire ad dnium. 7 modo cu aliis. xii. hid st. (tra)

EAD eccla ten DEVREL. T.R.E. geldau p. x. hid. Tra. e. viij. car.
De hac tra st in dnio. v. hide. 7 ibi. ii. car. 7 ii. serui. Ibi. x. uitti
7 viii. coscez. cu. v. car. Ibi molin redd. v. sol. 7 una ac pa.
pastura dim leu lg. 7 tntd lat. / h tra separari.
De ead tra ten un tain hida 7 dimid. nec potuit neq; potest ab eccla
Valuit qdo Turstin abb recep. viii. lib. Modo. x. lib.

EAD eccla ten CRISTEMELEFORDE. T.R.E. geldb p. xx. hid.
Tra. e. x. car. De hac tra. xiiij. hide st in dnio. 7 ibi. iij. car.
7 ii. serui. Ibi. xi. uitti 7 xii. bord. 7 xii. coscez. cu. vi. car. Ibi. ii.
molini reddt. xl. sol. 7 xxx vi. ac pa. Silua. i. leu lg. 7 dimid
leu lat. De ead tra ten Robt dimid hid. 7 Eduuard una v.
h tra teinlande n potuit ab eccla separari. T.R.E.
Tot m ualet. x. lib. 7 x. solid.
Abb Glastingeb prestitit. vi. acs pa Brictric T.R.E. in Stantone
Osbn gifart ten modo. / Similit prestitit. iiii. acs pa in Liteltone
Aluuardo. Goisfrid eps ten modo. He x. ac pa deb iacere in Cristemeford.

IPSA eccla ten BADEBERIE. T.R.E. geldb p. xx. hid. Tra. e. x.
car. De hac tra. xiii. hide 7 dim st in dnio. 7 ibi. iii. car. 7 iiij. serui.
Ibi. xi. uitti. 7 x. bord cu. iii. car. Ibi molin redd. xl. den. 7 c. ac
pa. Pastura. i. leu lg. 7 iii. qz lat. In Crichelade. i. burgsis redd. v. den.
Valuit. viij. lib. Modo. x. lib.

IPSA eccla ten MILDENHALLE. Eduuard de ea. hugolin ante
tenuerat. In manu abbis erat T.R.E. 7 geldb p. x. hid. Tra. e. x. car.
De hac tra st in dnio. iiii. hide. 7 ibi. ii. car. Ibi. xv. uitti 7 v. bord
cu. iiii. car. Ibi molin redd. xxx. sol. 7 x. ac pa. Pastura dim
leu lg. 7 iii. qz lat. 7 tntd silue.
Valuit. xii. lib. Modo. xviij. lib.

IPSA eccla ten WINTREBORNE. T.R.E. geldb p. xx. v. hid. Tra
e. xv. car. De hac tra st in dnio. x. hide. 7 ibi. iiii. car. 7 vii. serui.
Ibi. xvii. uitti 7 viii. bord cu. vii. car. Ibi. vi. ac pa. 7 c. ac
pasture. De ead tra ten Gislebt. iii. hid 7 dim. Orgar tenuit
T.R.E. nec potuit ab eccla separari.
Tot m ualuit. xii. lib. Modo. xx. lib.

IPSA eccla ten NITELETONE. T.R.E. geldb p. xx. hid. Tra. e
xii. car. De hac tra st in dnio. x. hide. 7 ibi. iiii. car. 7 ii. serui.
Ibi. x. uitti 7 xii. bord cu. vi. car. Ibi. iii. molini redd. xxii. sol
7 vi. den. 7 iiii. ac pa. Silua dimid leu lg. 7 ii. qz lat.
Valuit. viij. lib. Modo. xiij. lib.

IPSA eccla ten GRETELINTONE. T.R.E. geldb p. xxx. hid. Tra
e. xx. car. De hac tra st in dnio. x. hide. 7 ibi. xiii. car. 7 ii. serui.
Ibi. x. uitti 7 xi. bord cu. vii. car. Ibi. x. ac pa.
7 viii. ac pasture.
De ead tra ten eps constant. v. hid. 7 Vrso. iiii. hid
7 dimid. Qui teneb T.R.E. n poterant ab eccla sepa
rari. Ibi st. x. car. / xl. sol.
Dniu abbis ualet. xii. lib. Epi. vii. lib. Vrsonis.

IPSA eccla ten LANGHELEI. T.R.E. geldb p. xx. ix.
hid. Tra. e. xvi. car. De hac tra st in dnio. xi.
hide. 7 ibi. iiii. car. 7 iiii. serui. Ibi. xv. uitti 7 v.
bord cu. viii. car. Ibi. xv. ac pa. 7 x. ac pasture.
Silua. i. leu 7 dimid lg. 7 dimid leu lat.
In Malmesbie un burgsis redd. xv. den. pan huic m.
De ead tra ten Vrso. ii. hid 7 dim. Roger. ii. hid una v
min. Radulf hida 7 dimid. Ibi hnt. iii. car.
Qui has tras teneb T.R.E. n poterant ab eccla separari.
Dniu abbis. uat xiiij. lib 7 x. sol. houm u. c. solid.
Qdo recep abb. ualb. viii. lib.

IN LANGEFORD ten abb eid eccle. ii. hid. 7 Eduuard
de eo. Duo taini tenuer de abbe T.R.E. 7 geldb p. ii. hid.
Tra. e. i. car 7 dimid. In dnio. e hida una 7. iii. v de hac
tra 7 ibi. i. car. 7 ii. serui. 7 vii. bord. 7 xvii. ac pa. 7 xx.
ac pasture. Valuit 7 uat. lx. solid.
In ead uilla ten Eduuard de rege. i. hid. que iure
ptin abbatie ad tainlande.

IPSA eccla ten EUNESTETONE. T.R.E. geldb p. x. hid.
Vna ex his iac in hantescire. Tra. e. vii. car. De hac
tra. st in dnio. iii. hide. 7 ibi. i. car. 7 ii. serui. Ibi. viij.
uitti 7 v. bord cu. ii. car. Ibi. vi. ac pa. 7 x. ac silue.
Pastura. i. leu lg. 7 iii. qz lat.
De ead tra ten hunfrid. ii. hid 7 dim. 7 ibi ht. i. car.
7 iiij. acs pa. 7 xx. acs pasture. Qui teneb T.R.E. n pote
rat ab eccla diuerti. Valet xl. solid.
Dnium abbis. uat. vi. lib. Qdo recep: ualb. c. solid.

IPSA eccla ten WINTREBVRNE. T.R.E. geld p. v. hid.
Tra. e. iii. car. De hac tra. st in dnio. ii. hide 7 dimid.
7 ibi. i. car. 7 ii. serui. Ibi. vi. uitti 7 iii. bord cu. i. car
7 dimid. Ibi molin redd. xv. sol. 7 vi. ac pa. 7 lx. ac
pasture. Valuit 7 uat. iiij. lib.
De his. v. hid ten Waleran. una v tre. qua testi
ficant taini ad ecclam debe ptinere. 7 abb calumniat ea.

IPSA eccla ten DEVREL. T.R.E. geldb p. x. hid. Tra. e. x.
car. De hac tra st in dnio. v. hide. 7 ibi. iii. car. 7 ii. serui.
Ibi. xiiii. uitti 7 xx iiii. bord 7 xii. cotar cu. vi. car.
Ibi. iij. molini redd. xiiii. solid 7 x. denar. 7 vi. ac pa.
Pastura dim leu lg. 7 ii. qz lat. Silua. ii. leu lg. 7 dim leu lat.
De ead tra ten un miles una hid 7 una v tre de abbe
Eisi q tenuit T.R.E. n poterat ab eccla separari.
Tot m ualet. xii. lib.

.VIII. TERRA ECCLE MALMESBERIENSIS.

ECCLA S MARIE MALMESBERIENS tenet HIWEI.
T.R.E. geldb p. xi. hid. Tra. e. vi. car. In dnio st. iij.
car. Ibi. iii. uitti 7 vi. bord 7 iiii. cot. cu. i. seruo hnt. iii. car.
Ibi. xv. ac pa. 7 tntd ac pasture. Valuit. c. sol. Modo. viij. lib.

IPSA eccla ten DANTESIE. T.R.E. geld p. x. hid. Tra. e. vi.
car. Robt ten de abbe. Aluuard q tenuit de abbe T.R.E.
n poterat ab eccla separari. In dnio st. ii. car. 7 ii. serui.
7 x. uitti. 7 xi. coscez. 7 ii. cot. cu. iiij. car. Ibi molin
redd xx. solid. 7 xii. ac pa. Silua dim leu lg. 7 tntd lat.
Valuit 7 uat. vi. lib.

Ipsa æccla ten̄ ~~SVMREFORD~~. 7 Gunfrid̄ de abbe. T.R.E
geldb̄ p. v. hid̄. Aluuard̄ qui tenuit T.R.E. n̄ poterat ab
æccla separari. Tra. ē. vi. car̄. De hac tra st̄. ii. hide
in dnio. 7 ibi. iii. car̄. Ibi. vii. uitti 7 v. bord̄. 7 xii. coscez.
7 iii. serui. hntes. iiii. car̄. Ibi molin̄ redd̄. xx. solid̄.
7 xl. ac̄ pa. 7 viii. ac̄ siluæ. Ad Malmesberie un̄ bur
gensis redd̄. xii. denar̄. Valuit. lx. sol. modo. c. solid̄.

Ipsa æccla ten̄ ~~BRECHEORDE~~. T.R.E. geldb̄ p. v. hid̄.
Tra. ē. viii. car̄. De hac tra in dnio est una hida.
7 ibi. ii. car̄. 7 iii. serui. Ibi. ix. uitti. 7 xiii. coscez.
7 xviii. cotar̄. cū. vi. car̄. Ibi. xii. ac̄ pa. Silua
.ii. qx lḡ. 7 una qx lat̄. De ead̄ tra ten̄ un̄ miles. i. hid̄
Valuit 7 ual̄. iiii. lib̄. Tra militis. xv. solid̄.

Ipsa æccla ten̄ ~~NORTONE~~. T.R.E. geldb̄ p. v. hid̄.
Tra. ē. viii. car̄. De hac tra st̄ in dnio. ii. hide 7 dim̄.
7 ibi. ii. car̄. 7 v. serui. Ibi. vii. uitti 7 iii. coscez.
cū. iii. car̄. Ibi molin̄ redd̄. xv. solid̄. 7 vi. ac̄ pa.
Pastura. ii. qx lḡ. 7 una qx lat̄. Valuit. vi. lib̄. m̄. iiii. lib̄.

Ipsa æccla ten̄ ~~BROCHENEBERGE~~. T.R.E. geldauit
p. L. hid̄. Tra. ē. lx. car̄. De hac tra st̄ in dnio. viii.
hide. 7 ibi. v. car̄. 7 xvi. serui. Ibi. lx iiii. uitti. 7 vii.
cotar̄. 7 xv. coscez. hntes. L ix. car̄. Ibi. viii. molini
redd̄. vi. lib̄ 7 xii. sol. 7 vi. denar̄. 7 L. ac̄ pa. 7 xxx.
ac̄ pasturæ. Silua. iii. leu lḡ. 7 ii. leu lat̄.
De ead̄ tra ten̄ Rā flabard in CORSTONE. vi. hid̄.
Tra. v. car̄. Ibi ht̄. ii. car̄. 7 ii. uittos 7 ii. coscez. 7 ii. serui
cū. i. car̄. 7 molin̄ de. xii. sol. 7 vi. den̄. 7 x. acs pa.
7 xv. acs pasturæ. 7 Silua. iii. qx lḡ. 7 una qx lat̄.
De ead̄ etiā tra ten̄ Robt̄. iii. hid̄ 7 dim̄. Witts. ii. hid̄.
Vna anglica mulier. i. hidā. Qui has tras tenuer̄ T.R.E.
n̄ poterant ab æccla separari. / hidas 7 dimid̄.
De dnio monachoꝝ tra uillanoꝝ. ten̄. ii. milites. iii.
Dnium abbis qdo recep̄ ualb̄. xx vi. lib̄. m̄. xxx. lib̄.
Qđ Rān 7 alii ten̄: ualet. xi. lib̄ 7 iiii. solid̄.

Ipsa æccla ten̄ ~~CHEMELE~~. T.R.E. geldb̄ p. xxx. hid̄.
Tra. ē. xxx. car̄. De hac tra st̄ in dnio. xii. hide
7 ibi. ii. car̄. 7 vi. serui. Ibi. xxx. uitti 7 xv. coscez.
cū. xviii. car̄. Ibi. ii. molini. redd̄. xv. sol. 7 xl. ac̄
pa. Silua una leu lḡ. 7 iii. qx lat̄.
De ead̄ tra ten̄ Tovi. ii. hid̄ 7 unā v̄ træ. 7 Witts
iiii. hid̄ in ~~CELEORDE~~. Qui teneb̄ T.R.E. n̄ poterant ab
æccla separari. Ibi st̄. ii. car̄. 7 vi. serui. 7 vi. bord̄.
7 molin̄ de. x. solid̄. 7 viii. ac̄ pa.
De tra uillanoꝝ ten̄ Anschetil. i. hidā.
Dnium abbis ualet. xiii. lib̄. Qdo recep̄: ualb̄. x. lib̄.
Qđ hoēs ten̄: ual. viii. lib̄.

Ipsa æccla ten̄ ~~NEWENTONE~~. T.R.E. geldb̄ p. xxx. hid̄.
Tra. ē. xxiii. car̄. De hac tra st̄ in dnio. xv. hide.
7 ibi. iiii. car̄. 7 iiii. serui. Ibi. xix. uitti 7 v. cotarii.
7 ii. coscez. cū. ix. car̄. Ibi. ii. molini redd̄. xxx. sol.
7 xviii. ac̄ pa. 7 q̄t xx. ac̄ pasturæ.
De ead̄ tra ten̄ Osbn̄. iii. hid̄. 7 Witts. ii. hid̄. Ibi hnt.
vi. car̄. De tra uittoꝝ ded̄ abb̄ cuidā militi suo. i. hid̄.
Qdo abb̄ recep̄: ualb̄. x. lib̄. Dniū ei. m̄ ual. xii. lib̄.
Qđ hoēs ten̄: ualet. vi. lib̄.

Ipsa æccla ten̄ ~~CERLETONE~~. T.R.E. geldb̄ p. xx. hid̄.
Tra. ē. xiiii. car̄. De hac tra. xii. hide st̄ in dnio.
7 ibi. ii. car̄. 7 vii. serui. Ibi. xx iii. uitti 7 xiii. cotar̄.
7 ii. coscez cū. v. car̄. Ibi molin̄ redd̄. xv. solid̄.
7 xii. ac̄ pa. 7 xv. ac̄ pasturæ. Silua. ii. qx lḡ. 7 una qx lat̄.
De ead̄ tra ten̄. R. flabard unā hid̄ 7 dim̄. 7 ibi ht̄. i. car̄ 7 dim̄.
De tra uittoꝝ ten̄ Radulf̄ hid̄ 7 dimid̄. 7 ibi ht̄. i. car̄.
Qdo abb̄ m̄ recep̄: ualb̄. viii. lib̄. Modo dniū ei. tntđ ualet.
Qđ hoēs ten̄. ual. xl. solid̄.

Ipsa æccla ten̄ ~~GARDONE~~. Vlueua tenuit T.R.E. 7 geld̄ p. iii. hid̄.
Tra. ē. vi. car̄. De hac tra in dnio. ē una hida 7 dimid̄. 7 ibi. ii.
car̄. 7 vi. serui. Ibi. v. uitti 7 v. coscez. cū. iii. car̄. Ibi. ii. molini
redd̄. xxv. solid̄. 7 x. ac̄ pa. 7 x. ac̄ pasturæ. Silua. dimid̄
leu lḡ. 7 ii. qx lat̄. 7 un̄ burgsis redd̄. iii. solid̄.
Valuit. lx. solid̄. modo. c. solid̄.

Ipsa æccla ten̄ ~~CREDVELLE~~. T.R.E. geldb̄ p. xl. hid̄. Tra. ē. xxv.
car̄. De hac tra st̄ in dnio. xviii. hide. 7 ibi. iiii. car̄. 7 v. serui.
Ibi. xl viii. uitti 7 xx iiii. bord̄. 7 x. cotar̄. 7 vii. coliba. cū. xviii.
car̄. Ibi. xxiiii. ac̄ pa. Silua. ii. leu lḡ. 7 tntđ lat̄.
Valuit 7 ual. xvi. lib̄. De ead̄ tra ten̄ Ebrard̄. iii. hid̄. 7 ibi
ht̄. iii. car̄. 7 vii. uittos cū. i. bord̄ 7 v. seruis. 7 i. car̄. Guerlin̄
qui tenuit T.R.E. n̄ poterat ab æccla separari. Val. iii. lib̄. Ibi. ix. ac̄ pa.

Ipsa æccla ten̄ ~~BREME~~. T.R.E. geldb̄ p xxx viii. hid̄. Tra
ē. xxx. car̄. De hac tra st̄ in dnio. x vii. hide. 7 ibi. vii. car̄.
7 xii. serui. Ibi. xxxii. uitti 7 xiii. bord̄ cū. xx. car̄. Ibi. ii. mo
lini redd̄. xxx. solid̄. 7 xii. ac̄ pa. Silua. ii. leu lḡ. 7 ii. qx lat̄.
Valuit. xiiii. lib̄ qdo abb̄ recep̄. Modo. xvi. lib̄.
De ead̄ tra ten̄ Eduuard̄. iiii. hid̄. 7 Teodric̄. iiii. hid̄.
Tra. ē. vii. car̄. 7 totid̄ car̄ ibi st̄. 7 ii. uitti 7 ix. bord̄ 7 vii. cotar̄.
7 iiii. serui. Ibi molin̄ int̄ eos de. xvi. sol. 7 x. ac̄ pa. 7 iiii. ac̄
spineti. 7 Siluæ una qx lḡ. 7 tntđ lat̄. Valet. c. solid̄ utrunq;.
Qui teneb̄ has viii. hid̄ T.R.E. ab æccla n̄ poterant separari.
De tra uillanoꝝ ten̄ idē Teodric̄. i. hid̄. quā ded̄ ei abb̄.
De ead̄ etiā ten̄ Eduuard̄. ii. hid̄ de rege. 7 Gislebt̄
de eo. has abstulit de dnio æcclæ qdā abb̄ anglicus. 7 dedit
cuidā pposito. 7 postea uni taino. qui nullom̄ separari poterat
ab æccla. Val. xl. solid̄ p annū.
Witts qq; de ow. ten̄ de ead̄ tra unā hid̄. quā prestitit abb̄
Alestano. T.R.E. Valet. vi. solid̄.

Ipsa æccla ten̄ ~~PIRETONE~~. T.R.E. geldb̄ p. xxx v. hid̄. Tra. ē
xx iiii. car̄. De hac tra st̄. in dnio. xx i. hida 7 dim̄. 7 ibi. ii. car̄.
7 v. serui. Ibi. xx. uitti 7 xii. bord̄. 7 xiii. cotar̄. cū. xix. car̄.
Ibi molin̄ de. v. sol. 7 lx. ac̄ pa. Silua. ii. leu lḡ. 7 tntđ lat̄.
In Crichelade un̄ burgsis redd̄. vi. den̄. ptin̄ huic m̄.
Valuit 7 ual. xvi. lib̄.

:IX. ## QD HABET SCS PETRUS WESTMONAST.

~~Eccla S Petri Westmonast~~ ten̄ æcclam de ~~Crichelade~~. 7 ht̄ ibi plu
res burgses. 7 tciū denariū eidē uillæ. Tot simul redd̄. ix. lib̄.

:X. ## TERRA ABBATIÆ SCI PETRI WINTONIENS.

~~Eccla S Petri Wintoniens~~ ten̄ ~~MANEFORDE~~. T.R.E.
geldauit p x. hid̄. Tra. ē. x. car̄. De hac tra st̄ in dnio. v. hide
7 dimid̄ v̄ træ. 7 ibi. ii. car̄. 7 v. serui. Ibi. viii. uitti 7 vii. coscez.
cū. ii. car̄ 7 dimid̄. Ibi molin̄ de. xii. solid̄. 7 vi. denar̄. 7 x. ac̄
pa. Pastura. iiii. qx lḡ. 7 una qx lat̄. Valuit. vi. lib̄. m̄. viii. lib̄.

Ipsa æccla ten̄ ~~COLEBVRNE~~. T.R.E. geldb̄ p. L. hid̄. Tra. ē. xxxii.
car̄. De hac tra st̄ in dnio. x. hide. 7 ibi. iiii. car̄. 7 xiii. serui.
Ibi. xl. uitti 7 xiii. coscez. cū. xv. car̄. Ibi. ii. ac̄ pa. Silua
una leu lḡ. 7 dimid̄ leu lat̄. 7 tntđ pasturæ. / dimid̄ hidā
De ead̄ tra ten̄ Croc de abbe. x. hid̄ 7 dim̄ v̄ træ. 7 Fulcred̄
ii. hid̄. Qui teneb̄ T.R.E. ab æccla n̄ poterant separari.
Ibi sunt. viii. car̄. De tainlande ht̄ abb̄ in suo dnio. i. hid̄.
Dnium abbis tot ual m̄. xx viii. lib̄. Qđ hoēs ten̄: ual. xii. lib̄.
Qdo recep̄: min̄ ualb̄. c. sol.

Ipsa eccta ten PEVESEI. T.R.E. geldb p xxx. hid. Tra. e. xxiiii. car. De hac tra st in dnio. vi. hidę 7 una v tre. 7 ibi. iii. car. 7 vi. serui. Ibi. xl vi. uitti 7 xxiiii. coscez. 7 un bord. cu xviii. car. Ibi. vii. molini redd. iiii. lib 7 v. solid. 7 xv. ac pti. Pastura una leu lg. 7 tntd lat. Silua. iii. qq lg. 7 dimid qq lat. De ead tra ten un tain. ii. hid una v min. 7 n potuit ab eccta separi. 7 Ernulf de hesding. ii. hid ten de rege. quas abb dedit uni taino T.R.E. qui tam non poterat ab eccta separari. Valet. xxx. solid. Dnium abbis ualuit. xxvi. lib. Modo ual. xxviii. lib.

Ipsa eccta ten in WINTREBURNE. ii. hid. Tra. e. ii. car. De hac tra in dnio. e una hida 7 i. car. 7 iii. serui. Ibi un uitts 7 iiii. bord cu. i. car. 7 iiii. ac pti. 7 lx. ac pasture. Valuit. x. solid. Modo. xl. sol.

Ipsa eccta ten CHISELDENE. T.R.E. geldb p. xl. hid. Tra. e. xxii. car. De hac tra st in dnio. xvii. hidę 7 v. car. 7 vi. serui. Ibi. xlv. uitti 7 xiii. bord cu. x. car. Ibi molin redd. xl. denar. 7 xl. ac pti. Pastura dim leu lg. 7 iiii. qq lat. Silua. iii. qq lg. 7 ii. qq lat. Valuit. xviii. lib. Modo. xxiiii. lib. Huic m ptin. vi. burgenses in Crichelade. redd. iiii. sol 7 un denar.

·XI· TERRA ECCLE CRENEBURNENSIS.

Eccta S MARIE CRENEBURNENSIS ten ESSITONE. 7 tenuit T.R.E. 7 p. xx. hid geldau. Tra. e. xvi. car. De hac tra st in dnio. x. hidę 7 ibi. ii. car. 7 v. serui. Ibi. xx. uitti 7 xii. bord 7 iiii. coscez. cu xiii. car. Ibi molin redd. v. solid. 7 cc. ac pti. Pastura una leu lg. 7 dim leu lat. Silua ht tntd. Valuit 7 ual. xv. lib.

Ipsa eccta ten in DOBREHA una hid. Tra. e. i. car 7 dimid. Ibi ht abb. i. car. 7 v. bord cu dimid car. Val. xx. solid.

·XII· TERRA ECCLE SCEPTESBERIENSIS.

Eccta S MARIE SCEPTESBER. ten BICHENESTOCH. 7 Turstin ten de abbissa. Harding tenuit de eccta T.R.E. 7 geldb p v. hid. Tra. e. v. car. De hac tra st in dnio. iii. hidę 7 ibi. ii. car. 7 ii. serui. Ibi. vi. uitti 7 vi. coscez. cu. iii. car. Ibi molin redd. xii. sol. 7 xxviii. ac pti. 7 xl. ac pasture. Valuit. lx. sol. Modo. c. sol. Hanc tra reddid sponte sua eccle Harding. q in uita sua p̄uenit.

Ipsa eccta ten TISSEBERIE. T.R.E. geldb p xx. hid. debeb tenere. Tra. e. xl. car. De hac tra st in dnio. v. hidę. 7 ibi. iii. car. Ibi. xl. uitti 7 l. bord. cu. xxv. car. Ibi. iiii. molini redd. xxxv. solid. 7 xl. ac pti. Pastura. i. leu lg. 7 dim leu lat. Silua. una leu lg. 7 tntd lat. De ead tra ten de abba Turstin. iii. hid. Gunfrid. iii. hid. Alured. ii. hid. Ibi hnt. x. car. Eduuard uicecom ht. iii. car in tra uillanoy. Dnium abbatisse ualet. xxx. lib. Militu u. xiii. lib.

Ipsa eccta ten DUNEHEVE. T.R.E. geldb p. xl. hid. Tra. e. xxxii. car. De hac tra st in dnio. xii. hidę 7 ibi. ii. car. Ibi. xxxv. uitti 7 xxv. bord. cu. xxv. car. Ibi. viii. molini redd. lxvi. sol 7 viii. denar. 7 xv. ac pti. Pastura. i. leu lg. 7 tntd lat. Silua. viii. qq lg. 7 ii. qq lat. De ead tra ten Turstin. vi. hid. 7 qda tain. i. hid. 7 ibi st. vi. car. Qui tenet T.R.E. n poterant ab eccta separari. Dnium abbisse ualet. xxii. lib. hoium u. x. lib. Turstini tntd ualuit.

Ipsa eccta ten BRADEFORD. T.R.E. geldb p xl. ii. hid. Tra. e xl. car. De hac tra st in dnio. xiii. hidę 7 ibi. viii. car. 7 x. serui. 7 xviii. colibti. Ibi. xxxvi. uitti 7 xl. bord. cu. xxxii. car. Ibi xxii. porcarii. 7 xxx. iii. burgses redd. xxxv. sol 7 x. den. 7 un seruiens redd. vii. sextar mellis. Ibi. ii. molini redd. iii. lib. Mercatu redd. xlv. solid. Ibi un arpen uineę. 7 l. ac pti. Pastura. xl. qrent lg. 7 iii. qq lat. Silua dimid leu lg. 7 ii. qrent lat.

Ad eund m Bradeford ptin ALVESTONE. T.R.E. geldb p xii. hid. excepsis. xl. ii. supiorib hid. Tra. e. vi. car. De hac tra st in dnio. iiii. hidę. 7 ibi. ii. car. Tot Bradeford cu append. ualuit 7 ual. lx. lib.

Ipsa eccta ten LEDENTONE. T.R.E. geldb p xxxviii. hid. Tra. e. xvi. car. De hac tra st in dnio. xxiiii. hidę. 7 ibi. iiii. car. 7 vi. serui. Ibi xxii. uitti 7 xvii. bord. cu. vii. car. Ibi. ii. molini redd. v. sol. Prat. iiii. qq lg. 7 iii. qq lat. Pastura dim leu lg. 7 iii. qq lat. In Crichelade un burgsis redd. vi. den. Valuit. xviii. lib. Modo. xxii. lib.

Ipsa eccta ten DOMNITONE. T.R.E. geldb p. xx. hid. Tra. e. xv. car. De hac tra st. vii. hid 7 iii. virg tre in dnio. 7 ibi. ii. car. 7 iiii. serui. Ibi. xxi. uitti 7 x. bord cu. xi. car. Ibi. ii. molini redd. xii. sol 7 vi. denar. 7 xx. ac pti. 7 tntd ac siluę. Pastura. i. leu lg. 7 dim leu lat. Duo burgses redd. x. den. De ead tra ten Gunfrid. ii. hid. 7 ibi ht. ii. car. Qui tenuit T.R.E. n poterat ab eccta separari. Dnium abbisse. ualuit 7 ual xviii. lib. Gunfridi. xl. sol.

·XIII· TERRA ECCLE WILTUNIENSIS.

Eccta S MARIE WILTUNIENSIS ten STANTONE. T.R.E. geldb p xx. hid. Tra. e. xii. car. De hac tra st in dnio. x. hidę. 7 ibi. iii. car. 7 ibi. viii. serui. Ibi xvi. uitti 7 un bord. 7 xxi. coscez. cu. viii. car. Ibi. ii. molini redd. xii. sol 7 vi. den. 7 lx. ac pti. 7 iii. ac alneti. Pastura. i. leu lg. 7 dimid leu lat. Valuit. xvi. lib. Modo. xxiiii. lib.

Ipsa eccta ten NEWETONE. T.R.E. geldb p xiii. hid 7 dimid 7 dimid v tre. De hac tra st in dnio. iii. hidę. 7 ibi. ii. car 7 iiii. serui. Ibi. xiii. uitti 7 xvi. coscez. cu. v. car. Tot m possunt arare. x. car. Ibi molin redd. xii. solid 7 vi. den. 7 xxx. ac pti. Pastura. iiii. qq lg. 7 ii. qq lat. Silua. i. leu lg. 7 tntd lat. De tra uillanoy dedit abbatissa uni militi. iii. hid 7 dim. 7 dim v tre. Ibi ht. ii. car. 7 uitti ei. i. car. De ead tra tenuit Aluric uenator de abbissa una hid 7 una v tre 7 dimid. ea cditone ut post morte ei rediret ad ecctam qa de dnica firma erat. Modo ten Ricard Sturmid. Tot m ualuit. xiiii. lib. qdo recep. Modo. xviii. lib.

Ipsa eccta ten DARNEFORD. T.R.E. geldb p. iiii. hid. Tra. e. iii. car. Eduuard ten de abbissa. Tres angli tenuer T.R.E. 7 n poterant ab eccta separari. Duo ex eis reddeb. v. sol. 7 tcius seruieb sic tain. Ibi st. vi. bou in car dnica. cu. iiii. bord. Ibi. ii. angli hnt. ii. car. Ibi molin redd. vii. sol 7 dim. 7 xii. ac ibi pti. Pastura. iii. qq lg. 7 una qq lat. Valuit. c. sol. m. xx. lib.

Ipsa eccta ten SVALOCLIVE. T.R.E. geldb p. iiii. hid 7 una v. Tra. e. ii. car. Ibi. e un uitts 7 ii. bord. 7 ii. ac pti. Valuit 7 ual. xl. solid.

Ipsa eccta ten CHILMERE. T.R.E. geldb p. xx. hid. Tra. e. xiiii. car. De hac tra st in dnio. viii. hidę. 7 ibi. ii. car. Ibi. xv. uitti 7 xii. bord. 7 xii. colibti. cu. xii. car. Ibi molin redd. x. solid. 7 v. ac pti. 7 x. ac runcea. Pastura. i. leu lg. 7 dim leu lat. Valuit. xiiii. lib. Modo. xv. lib.

.Ipsa ecca ten una hid tre. in WERBORE. 7 Bricmar de abbissa ten. Tra. e. i. car. Ipsa. e ibi cu. iiii. bord. 7 iii. ac pti. Pastura. i. leu lg. 7 dimid leu lat. Silua. ii. qrent lg. 7 una qc lat. Valet. xx. solid.

Ipsa ecca ten CHENVEL. T.R.E. p. x. hid. Tra. e. vii. car. De hac tra st in dnio. iiii. hidæ 7 dimid. 7 iii. serui. Ibi. xi. uitti 7 x. coscez. cu. v. car. Ibi. v. ac pti. 7 pastura dimid leu lg. 7 iii. qc lat. Silua dimid leu lg. 7 dimid lat. Valuit. vi. lib. Modo. viii. lib.

Ipsa ecca ten DUREFONTE. T.R.E. geldb p. x. hid. Tra. e iiii. car. De hac tra st in dnio. vii. hidæ 7 dim virg. 7 ibi. ii. car. 7 ii. serui. Ibi. iii. uitti 7 viii. bord cu. ii. car. Ibi molin redd. x. solid. 7 v. ac pti. 7 xx. ac pasturæ 7 xx. ac siluæ. Valet. c. solid.

Ipsa ecca ten CHELCHE. T.R.E. geldb p. lxxvii. hid. Tra. e. lx. vi. car. De hac tra st in dnio. x. hidæ. 7 ibi. x. car. 7 xx. serui. Ibi qt xx 7 vi. uitti 7 l. bord 7 x. colibti. hntes. l. car. Ibi. v. molini redd. lx v. sol. 7 xxi. ac pti. Pastura. iii. leu lg. 7 una leu lat. 7 tantd siluæ.

De ead tra ten Girard. iii. hid. Qui teneb T.R.E. non poterat ab ecca separari. Ibi st. ii. car. Val. iii. lib.

Dniu abbissæ ualet. lx vii. lib.

De ead tra ten Ricard puingiant. vii. hid 7 dim de rege. Ex his. ii. hidas tenet Aileua T.R.E. 7 alias teneb hoes eccle seruientes sic uitti. Abbissa calumniat. Ibi ht Ricard. v. car. 7 ual. vii. lib.

Ipsa ecca ten NEWENTONE. T.R.E. geldb p. xxx. hid 7 iii. virg tre. Tra. e. xxiii. car. De hac tra st in dnio. ii. hidæ. 7 ibi. ii. car. 7 vi. colibti. Ibi. xx. uitti 7 xvi. bord cu. xii. car. Ibi. ii. molini redd. xl. solid. 7 xx. ac pti. 7 cl. ac pasturæ. 7 cc. ac siluæ. Ad istu m pan habe csuetudin in Silua MILCHETI. qt xx. caretedes lignoz 7 ad domos 7 sepes reemdandas qd opus fuerit. [pasto .qt xx. porcoz]

Ipsa ecca ten WILOT. T.R.E. geldb p. x. hid. Tra. e. v. car. De hac tra st in dnio. v. hidæ. 7 ibi. ii. car. 7 ii. serui. Ibi. x. uitti 7 x. bord cu. iii. car. Ibi molin redd. x. sol. 7 xii. ac pti. 7 c. ac pasturæ. 7 x. ac siluæ paruæ. Valuit. vi. lib. Modo. viii. lib. NEWENTON ual. xvi. lib.

Ipsa ecca ten WICHEFORD. T.R.E. geldb p. iiii. hid. Tra. e. iii. car. De hac tra st in dnio. ii. hidæ. 7 ibi. ii. car. Ibi. i. uitts 7 xvi. bord cu. i. car. Ibi. ii. molini redd. xx iiii. sol. 7 viii. ac pti. 7 x. ac pasturæ. Valuit. iii. lib. Modo. iiii. lib.

Ipsa ecca ten LANGEFORD. T.R.E. geldb p. ii. hid. Tra. e. ii. car. Has hnt ibi. ii. angli cu. ii. bord 7 ii. seruis. Ibi molin redd. v. sol. 7 xxv. ac pti. 7 xx. ac pasturæ. Valuit. xl. sol. Modo. l. solid. Pat eoz qui nc ten tenuit T.R.E. nec potuit ab ecca separari.

Ipsa ecca ten OCHEFORDE. T.R.E. geldb p. iiii. hid. Tra. e. iii. car. De hac tra st in dnio. iii. hidæ. 7 ibi. i. car. Ibi. ii. uitti 7 iiii. bord cu. i. car. Ibi molin redd. v. solid. 7 vi. ac pti. Valuit. xl. solid. Modo. lx. solid.

Ipsa ecca ht dimid hid tre in DICEHANTONE. Val. xxx. den.

Ipsa ecca ten BREDECUBE. T.R.E. geldb p. vi. hid. Tra. e. iiii. car. De hac tra st in dnio. ii. hidæ. 7 ibi. ii. car. Ibi. xiii. bord 7 molin redd. xv. sol. 7 xviii. ac pti. Pastura. viii. qc lg. 7 una qc lat. Valet. c. solid.

De ead tra ten Eduuard. i. hid. que n potest ab ecca tolli. Val. xv. solid.

Ipsa ecca ten BABESTOCHE. T.R.E. p. iiii. hid geld. Tra. e. iii. car. De his st in dnio. ii. hidæ. 7 ibi. i. car. cu. i. seruo. 7 iiii. bord cu. ii. car. 7 vi. ac pti. 7 iiii. ac pasturæ. Valet. lx. solid.

Ipsa ecca ten WAISEL. T.R.E. geldb p. viii. hid 7 dimid. Tra. e. vii. car. De hac tra st in dnio. ii. hidæ. 7 ibi. i. car. Ibi. ix. uitti 7 x. colibti cu. vi. car. Ibi. xii. ac pti. Pastura viii. qc lg. 7 vi. qc lat. In Silua MILCHETE past qt xx. porcis. 7 qt xx. caretedes lignoz. 7 ad domos 7 ad sepes qd op est. Valet. vii. lib 7 x. solid.

Ipsa ecca ten FEBEFONTE. T.R.E. geldb p. x. hid. Tra. e vii. car. De hac tra st in dnio. v. hidæ. 7 ibi. ii. car. 7 vii. colibti. Ibi. viii. uitti 7 viii. bord cu. v. car. Ibi. ii. molini redd. xvii. sol. 7 vi. den. 7 viii. ac pti. Pastura. iiii. qc lg. 7 una qc lat. Silua. ii. qc lg. 7 una qc lat. Val. vii. lib 7 x. sol.

Ipsa ecca ten LAUUERECESTOCHES. T.R.E. geldb p. ii. hid. Tra. e. iii. car. De hac tra. e in dnio. i. hida. 7 ibi. i. car. Ibi. vi. uitti 7 viii. bord cu. ii. car. Ibi molin redd. vii. solid 7 vi. den. 7 xviii. ac pasturæ. Valuit. c. solid. Modo. vi. lib. Hui tre quarta pars in foresta regis. e posita.

Ipsa ecca tenebat. ii. hid T.R.E. quas Toret dederat ibi cu duab filiab suis. 7 ex eis sep fuer uestitæ donec eps baiocsis iniuste abstulit eccle.

Oms reddit quas ht ecca de ipsoburgo Wiltun. appciant x. lib. 7 xviii. solid. 7 vi. denar.

.XIIII. TERRA ECCLE S MARIE WINTONIE.

Eccla S MARIE WINTONIENS ten FERCHESFONTE. T.R.E. geldb p. xxx. hid. Tra. e. xx. car. De hac tra st in dnio vi. hidæ. 7 ibi. vii. car. 7 xvii. serui. Ibi. xxxiii. uitti 7 xxvi. bord 7 vi. cotar cu. xx. car. Ibi. iii. molini redd. xxi. solid 7 iii. den. 7 lx. ac pti. Pastura. i. leu lg. 7 dim leu lat. 7 tantd siluæ.

De ead tra ten Eduuard. hid 7 dimid. 7 tcia parte dim hidæ. Walter. i. hid. Angli ten. ii. hid. 7 ii. partes dimid hidæ.

De vi. hid que st in dnio tenuit ppost abbissæ. ii. hid. T.R.E. postea u reddid eas eccle cu omi pecunia sua. 7 n st in dnio. Qdo abbissa recep qd. ualb. xv. lib. Modo. xxvii. lib qd ht in dnio. Qd milites. iii. lib.

Ipsa ecca ten CANINGE. T.R.E. geld p. xviii. hid 7 una virg 7 dimid. Tra. e. xv. car. De hac tra st in dnio. iiii. hidæ. 7 ibi. v. car. 7 viii. serui. Ibi. xx vii. uitti 7 xvii. bord. 7 vi. cotar. cu. x. car. Ibi molin redd. xiii. solid. 7 cviii. ac pti. Pastura una leu lg. 7 iii. qc lat. Silua. iii. qrent lg. 7 ii. qrent lat. Valuit. xx. lib. Modo. xxx. lib.

.XV. TERRA ECCLE ROMESIENSIS.

Eccla S MARIÆ ROMESIENS ten EDENDONE. T.R.E. geldb p. xxx. hid. Tra. e. xxx v. car 7 dimid. De hac tra st in dnio. ii. hidæ 7 dimid. 7 ibi. vii. car. 7 x. serui. Ibi. xx i. uitti 7 xxiii. bord. 7 x. colibti. cu. xv. car. Ibi. ii. molini redd. xxx. sol. 7 c. ac pti. Pastura una leu lg. 7 dim leu lat. Silua. x. qrent lg. 7 v. lat.

De ead tra ten Witts. iiii. hid. dim. Osmund. iiii. hid. Herueus. ii. hid. Angli. v. hid. 7 una virg. Qui teneb T.R.E. has. xv. hid 7 iii. v. n poterant separari ab ecca. Ibi st. xii. car 7 dimid. Dnium eccle ualet. xxx. lib. Qd hoes ten. xviii. lib.

Ipsa ecca ten ASTONE. T.R.E. geldb p. xl. hid. Tra. e. xxx vii. car. De hac tra st in dnio. x. hidæ. 7 ibi. ix. car. 7 viii. serui. Ibi. xl. uitti. 7 xxx. bord cu. xx. car. Ibi. iii. molini redd. xxii. sol. 7 vi. den. 7 c. ac pti. Pastura. xxx. qc lg. 7 una qc lat. Silua ii. leu lg. 7 dimid leu lat. De ead tra ten Eduuard. iii. hid. Witts. i. hid. Angli. iiii. hid. Qui teneb T.R.E. n poterant ab ecca separari. Dniu eccle ualet. xxx. lib. Hoium u. vi. lib 7 xiii. sol.

.XVI. TERRA ECCLE AMBRESBERIENSIS.

Eccla Ambresberiens ten Boltintone. T.R.E. geldb
p xii. hid. Tra. e. xx. car. De hac tra st in dnio. vi. hide
7 ibi. iii. car. 7 xiii. serui. Ibi. iii. uitti 7 xx. coscez. 7 iii. cotarii
cu. v. car. Ibi. ii. molini redd. lxv. solid. 7 xxxv. ac pra.
Pastura. i. leu lg. 7 dim leu lat. ⌐ab eccla separari.
De ead tra ten Aluuard. iii. hid. Qui tenet T.R.E. n poterat
Dnium abbisse. ualet. xiii. lib. Qd tain ten. ual. xv. solid.

Ipsa eccla ten Boscube. T.R.E. geldb p. iiii. hid. Tra. e. ii.
car. De hac tra st in dnio. ii. hide 7 dimid. 7 ibi. i. car. cu. i.
seruo. Ibi. ii. uitti 7 v. coscez. 7 ii. cotar. cu. i. car. ⌐ual. iii. lib.
Ibi. iiii. ac pra. Pastura. una qx lg. 7 dimid qx lat. Valuit

Ipsa eccla ten Allentone. T.R.E. geldb p. iiii. hid. Tra. e
ii. car. De hac tra st in dnio. iii. hide. una v min. 7 ibi. i. car.
7 iii. serui. Ibi. iii. uitti 7 v. coscez. 7 un cotar cu. i. car.
Ibi. viii. ac pra. Pastura. i. leu lg. 7 una qx lat. Valuit. iii. lib.
Ipsa eccla ten Chelestanestone. 7 Aluuard ⌐modo. iiii. lib.
ten de abbissa. T.R.E. geldb p. ii. hid 7 dimid. Tra. e. i. car 7 dim.
7 tant est ibi cu. ii. seruis. 7 iii. coscez. Ibi. viii. ac pra.
Pastura. v. qx lg. 7 una qx lat. Valuit. xxx. sol. modo. xl. sol.
⊙ Ipsa eccla teneb. ii. hid T.R.E. 7 post tenuit T.R. Witti. 7 sunt
de uictu monialiu. Has ten com moriton iniuste.

Ipsa eccla ten in Wintreburne. vi. hid. Tra. e. iiii. car.
De hac tra st in dnio. iii. hide. 7 ibi. iii. car. 7 ii. serui. Ibi. v. uitti
7 x. bord cu. i. car. Ibi. iii. ac pra. Pastura dim leu lg. 7 tntd lat.
Valuit. iiii. lib. modo. c. solid.
Ipsa eccla ten Wintreburne. T.R.E. geldb p. iiii. hid 7 dim.
Tra. e. ii. car. De hac tra st in dnio. ii. hide 7 dim. 7 ibi. i. car.
Ibi. iiii. uitti. 7 iiii. bord 7 ii. cotar. cu. i. car. Ibi. viii. ac pra.
7 x. ac pasture. Valuit 7 ual. iiii. lib.

.XVII. TERRA SCE MARIE DE BECH.

Eccla S Marie de Bech ten de rege Devrel. Brictric tenuit
T.R.E. 7 geldb p. x. hid. Tra. e. vii. car. De hac tra st in dnio
vi. hid 7 dimid. 7 ibi. iii. car. 7 viii. serui. Ibi. viii. uitti 7 vii.
coscez. 7 ii. bord cu. iiii. car. Ibi molin de. xxx. den. 7 iiii. ac pra.
Pastura. i. leu lg. 7 v. qx lat. Silue. iii. qx lg. 7 ii. qx lat.
Eccla eid m ht. i. hid de ead tra. Tot m ualet. xii. lib.
Witti. xv. lib uiuente regina Mathilde. que ded eid eccle.

.XVIII. TERRA GIRALDI DE WILTUNE.

Girald pr. Wiltune ten de rege Vptone in elemosina.
Ide tenb T.R.E. 7 geldb p. x. hid. Tra. e. vi. car. De hac tra
st in dnio. vi. hid. 7 una virg 7 dim. 7 ibi. iii. car. 7 iiii. serui.
Ibi. ix. uitti 7 vi. bord 7 iiii. coscez. cu. iii. car. Ibi molin
redd. xx. solid. 7 xv. ac pra. Pastura dimid leu lg. 7 ii. qx
lat. Valet. x. lib.

REINBALDI.

Reinbald pbr ten Latone 7 Aisi. Duo taini tenuer p. ii. m
T.R.E. Heraldus com iunxit in unu. 7 geldb p. ix. hid. Tra. e. viii.
car. De hac tra st in dnio. iii. hide. 7 viii. serui. Ibi. xv. uitti
7 vi. bord 7 iiii. cotar. cu. v. car. 7 in dnio. iii. car. Ibi. ii. molini
7 cc. ac pra. Pastura. i. leu lg. 7 dim leu lat. Valuit 7 ual. x.
⌐lib.

.XIX. CANONICI LISIACENSES.

Canonici Lisiacens ten Devrel. Eddeua tenuit T.R.E. 7 geldb
p. iiii. hid. Tra. e. iii. car. De ea st in dnio. iii. hide 7 dim. iii. ac min
7 ibi. i. car. 7 ii. serui. 7 vi. coscez cu. i. uitto hnt. i. car. Ibi. iii. ac pra.
Pastura. iiii. qx lg. 7 iii. qx lat. Valuit. xl. sol modo. lxx. solid.

Aluuard pbr ht. v. hid q ptin ad ecclam Aluuarberie.
de elemosina regis. Tra. e. iii. car. In dnio. e. i. car. 7 iiii. uitti
7 viii. bord cu. ii. car. Ibi. x. ac pra. 7 iiii. qx silue in lg. 7 iii.
in lat. Huic eid eccle adiacet. i. hida. q nunq geldauit.
Tot ualet. lxx. solid. ⌐Valet. xx. solid.
Osbern pbr ht. ii. hid de rege in eccla Aluuaresberie.
Regenbald ten Horningeshā. Pat ei tenuit de rege E. in elemosina.
Ibi. e dimid hida. Tra. i. car. Ibi. e un coscet 7 ii. ac pra. 7 ii. ac silue.
⌐Valet. v. solid.

.XX. TERRA COMITIS MORITONIENSIS.

Comes Moriton ten Colerne. 7 S Maria de Greftain
de eo. T.R.E. geldb p x. hid. Tra. e. iiii. car. De hac
tra st in dnio. vi. hide 7 dimid. 7 ibi. ii. car. 7 iii. serui.
Ibi. vi. uitti 7 ix. bord. cu. ii. car. Ibi. xx. ac pra.
Pastura. dimid leu lg. 7 iii. qx lat.
Valuit. viii. lib. modo. ix. lib.
Ide com ten Nechendune. 7 Gislebt de eo. Goduin
tenuit T.R.E. 7 geldb p. iii. hid. Tra. e. ii. car. De hac
tra st in dnio. ii. hid 7 ibi. i. car. 7 ii. serui. Ibi. i. uitts
7 viii. bord. cu. i. car. Ibi. xx. ac pra. 7 xv. ac pasture.
Valuit. xxx. ualet m. xl. sol.
Ide com ten Clive. 7 Gislebt de eo. Goduin tenuit
T.R.E. 7 geldb p. iii. hid. Tra. e. i. car 7 dim. In dnio
est. i. car 7 ii. serui. 7 x. ac pra. Valuit. xx. sol. m. xl. sol.
Ide com ten Clive. 7 Gislebt de eo. Goduin tenuit T.R.E.
7 geldb p. iiii. hid una v min. Tra. e. i. car 7 dim. Ibi. e un
uitts 7 iii. bord. 7 xvi. ac pra. 7 xiiii. ac pasture. Val. xl. sol.
Ipse com ten Langeford. Chetel tenuit T.R.E. 7 geldb
p v. hid. Tra. e. ii. car 7 dim. De hac tra st in dnio. iiii. hide
7 una v tre. 7 ibi. ii. car. Ibi. ii. uitti 7 iiii. bord cu dim car.
Ibi dimid molin redd. xxx. den. 7 xx. ac pra. 7 xxx. ac pasture.
Valuit 7 ual. c. solid.
Ipse com ten Wintreslei. Harding tenuit T.R.E. 7 geldb
p. vi. hid 7 dim. Tra. e. vii. car. De hac tra st in dnio. iii.
hide 7 ibi. iii. car. 7 vi. serui. Ibi. vi. uitti 7 xii. coscez.
cu. iii. car. Ibi molin de. v. sol. 7 iii. ac pra. Pastura una
leu lg. 7 tntd lat. Silua. i. leu lg. 7 dimid leu lat.
Valet. x. lib. De hoc m tenebat abbissa Abresberie ⊙
ii. hid T.R.E.

.XXI. TERRA ROGERII COMITIS.

Comes Rogerius ten Ettone. T.R.E. geldb p. xxv. hid.
Tra. e. xii. car. De hac tra medietas. e in dnio. 7 ibi. iiii car.
7 dimid. 7 vi. serui. Ibi. viii. uitti 7 viii. coscez. cu. v. car.
Ibi molin redd. xv. sol 7 vi. den. 7 c. ac pra. Pastura
vi. qx lg. 7 iii. qx lat. Valuit. xv. lib. T.R.E. Modo. xii. lib.
Ipse com ten Childestone. T.R.E. geldb p. iii. hid 7 dim.
Tra. e. ii. car. De hac tra st in dnio. ii. hide. 7 ibi. i. car.
7 iii. uitti 7 v. coscez cu. i. car. 7 dim. Ibi. viii. ac pra. Pas
tura. i. leu lg. 7 ii. qx lat. Valuit 7 ual. lxx solid.
H. ii. m ten Turold de comite. Osmund tainus tenuit T.R.E.
Ide com ten Poltone. Siuuard tenuit T.R.E. 7 geldb p. v.
hid. Tra. e. viii. car. De hac tra st in dnio. iii. hide 7 dimid.
7 ibi. iiii. car. 7 viii. serui. 7 viii. uitti 7 vii. coscez. cu. iiii.
car. Ibi. xv. ac pra. Pastura. iii. qx lg. 7 una qx lat.
Valuit. xii. lib. Modo. xvi. lib.

.XXII. TERRA HUGONIS COMITIS.

Comes Hugo ten Retmore. 7 Witts de eo. T.R.E. geldb
p dimid hida. Tra. e. iii. car. In dnio st. ii. car. cu. i. seruo.
Ibi. i. uitts 7 iii. bord 7 xi. coscez cu. i. car. Ibi molin redd
xiiii. sol. 7 v. ac pra. Pastura. iii. qx lg. 7 una qx lat.
Silua. iii. qx lg. 7 ii. qx lat. Valuit. l. sol. Modo. x. solid.
Idem com ten Witlesforde. 7 Haimo de eo. T.R.E. geldb
p. i. hida. Tra. e. i. car. 7 ipsa. e in dnio. 7 ii. serui. 7 iii. coscez.
Ibi. vi. ac pra. Pastura. viii. qx lg. 7 una qx lat. Val. xl. sol.
Ide com ten Heortham. 7 Eduuard de eo. T.R.E. geldb
p. ii. hid. Tra. e. iii. car. De hac tra una hida. e in dnio.
7 ibi. ii. car. 7 ii. serui. Ibi. i. miles. 7 iii. coscez. 7 v. ac pra.
7 iii. ac silue. 7 xii. ac pasture. Val. xl. sol.
Ide com ten Bredecube. 7 Haimo de eo. T.R.E. geldb
p. iiii. hid. Tra. e. ii. car. De hac tra st in dnio. iii. hide.

7 ibi .i. car' cu .i. seruo. Ibi .i. uitts 7 iiij. bord 7 molin de .x. sol.
7 vi. ac pti. 7 x. ac siluę. 7 xx. ac pasturę.
Valuit .iii. lib. Modo .iiij. lib.
Idē com ten CADEHA. 7 Witts de eo. T.R.E. geldb p .ii. hid.
Tra .ē .ii. car'. De his .i. hida in dnio. 7 i. car'. 7 ii. serui. 7 viij.
bord cu .i. car'. Ibi .v. ac pti. Silua .ii. qx lg. 7 una qx lat.
Valuit .xxx. sol. Modo .xl. sol.
H .v. man' tenuit Ednod dapifer T.R.E.
Idē Com ten FISCARTONE. 7 Haimo de eo. Godric tenuit
T.R.E. 7 geldb p .iii. hid. Tra .ē .ii. car'. In dnio st .ii. hidę
de hac tra. 7 ibi .i. car'. 7 i. seruus. Ibi .iii. uitti. 7 v. bord.
7 molin de .x. sol. 7 xl. ac pti. 7 xl. ac pasturę.
Valuit 7 ual .iii. lib.

.XXIIII. TERRA QUĘ FUIT ALBERICI COMITIS.

COMES ALBERICUS tenuit CONTONE. T.R.E. geldb p .vij.
hid. Tra .ē .vi. car'. De qua sunt in dnio .iii. hidę 7 una v
trę. 7 ibi .i. car'. 7 vi. serui. Ibi .v. uitti 7 v. coscez. cu .iii. car'.
Ibi molin de .x. sol. 7 v. ac pti. Pastura .iij. qx lg. 7 una qx
lat. Valuit 7 ual .x. lib.
DERINTONE geldb T.R.E. p una hida 7 dim. Tra .e .i. car'.
In dnio .ē .i. hida. 7 alia tra hnt ibi .iiij. coscez. Ibi .v. ac pti.
In ipsa uilla .ē una hida. Tra .i. car'. Hanc tenuit un tain'
T.R.E. Ibi .ē un bord 7 v. ac pti. Hę .ii. hidę 7 dim. ual .iiii. lib.
WINTRESLEI geldb T.R.E. p .ii. hid. Tra .ē .ii. car'. Ibi est
un uitts 7 iij. bord. 7 Silua .i. qx lg. 7 dim qx lat. Val .xx. sol.
ALBOLDINTONE geldb p .iij. hid. Tra .ē .ii. car'. In dnio st
.ii. hidę de hac tra 7 dimid. 7 ibi .i. car'. 7 iiij. coscez. Ibi .xxxvi.
ac pti. 7 pastura .iii. qx lg. 7 una qx lat. Valet .iiij. lib.
CHELTRE geldb T.R.E. p .vi. hid. Tra .ē .v. car'. De hac tra
st in dnio .iii. hidę. 7 ibi .i. car'. 7 iiij. serui. Ibi .iiij. uitti 7 ii.
bord cu .ii. car'. Pastura .iiij. qx lg. 7 ii. qx lat. Valuit .iiij. lib.
TEDRINTONE geldb T.R.E. p .ii. hid. Tra .ē .ii. car' 7 m .vi. lib.
Ibi .ē un uitts 7 dimid molin redd .xxx. den. 7 v. ac pti. Val .xx.
Has .vi. tras tenuit Harding T.R.E. solid.
ALENTONE geldb T.R.E. p .iiii. hid. Tra .ē .ii. car'. In dnio
st .ii. hidę 7 dim de hac tra. 7 ibi .ē .i. car'. 7 iij. serui. Ibi .i. uitts
7 iiii. coscez cu .i. car'. Ibi molin redd .xx. sol. 7 v. ac pti.
Pastura .iii. qx lg. 7 una qx lat. Hanc tra tenuit Herald com.
In ead uilla sunt .iiii. hidę trę. quas iniuste abstrax Herald ab
eccta Ambresberie. testimonio tainor scire. m tam ht eccta.
ELESCOME geldb T.R.E. p .xx. hid. 7 vii. Tra .ē .viij. car'.
De hac tra st in dnio .xx.iiii. hidę. 7 ibi .ii. car'. 7 vi. serui.
Ibi .iij. uitti 7 xiiij. bord cu .iij. car'. Ibi .lx. ac pti. 7 tntd
pasturę. 7 xx. ac siluę. Valuit .xxvii. lib. Modo .xx. lib.
STRADFORD geldb T.R.E. p .xiij. hid. Tra .ē .vii. car'.
De hac tra st in dnio .ix. hidę 7 una v trę. 7 ibi .ii. car'. 7 vii.
serui. Ibi .vi. uitti 7 iiii. bord 7 x. coscez. cu .iiij. car'.
Ibi .ii. molini redd .xvii. sol 7 vi. den. 7 xv. ac pti. 7 ii. ac
pasturę iuxta flum. 7 alia pastura .i. leu lg. 7 vi. qx lat.
In Wiltune .i. burgsis redd .xx. denar'. ptin huic m.
Valet .xx. lib.
GESSIC geldb T.R.E. p .x. hid. Tra .ē .xii. car'. De hac tra
st in dnio .iiii. hidę 7 dim. 7 ibi .ii. car'. 7 viij. serui. Ibi .v. uitti
7 viij. bord cu .iiij. car'. Ibi .xl. ac pti. Pastura .i. leu lg.
7 dimid leu lat. 7 tntd siluę. Valuit .xl. lib q Albic recep.
Modo .x. lib. H .iii. maner' tenuit Azor T.R.E.
Tota h tra fuit Alberici comit. Modo .ē in manu regis.

REDDITUS EDWARDI SARISBER'.

EDWARD uicecom ht p ann de denar' q ptin ad uicecomitat .cxxx. porc.
7 xxxii. bacons. Frumti .ii. mod 7 viii. sextar'. 7 tntd brasii.
Auenę .v. mod 7 iiij. sextar'. Mellis .xvi. sextar'. uel xvi. solid. melle.
Gallinas .cccc. 7 qt xx. Oua mille 7 sexcenta. Caseos cent. Agnos
.l.ii. Vellera ouiu .cc. xl. Annone Blad .c.lxii. acs.
Habet etia qt xx. libras ualens int Reueland 7 qd inde ht.
Et do ppositas firma deficit. necesse .ē Edwardo restaurare de
suo.

.XXV. TERRA EIUSDEM EDUUARDI SARISB'.

EDWARD de Sarisberie ten de rege WILCOTE. T.R.E. geldb
p .xv. hid 7 dim. Tra .ē .x. car'. De hac tra st in dnio .vij.
hidę. 7 ibi .iii. car'. 7 vi. serui. Ibi .xviiji. uitti 7 vi. bord 7 xii.
coscez. Ibi .xl. ac pti. 7 xx. ac pasturę. 7 l. ac siluę
minutę. 7 eccta noua 7 dom obtima 7 uinea bona.
Valuit .xii. lib. Modo .xvi. lib.
Idē Edw. ten AULTONE. T.R.E. geldb p .v. hid. Tra .ē .iiij. car'.
In dnio st .ii. car'. 7 iiii. serui. Ibi .iii. uitti 7 i. bord. 7 vi. coscez.
cu .i. car'. Ibi molin redd .x. sol. 7 xxv. ac pti. Pastura .iii. qx
lg. 7 ii. qx lat. Valuit .c. sol. modo .vi. lib.
Idē. Edw ten ETESATINGETONE. T.R.E geldb p .vii. hid. Tra .ē
.iiij. car'. De hac tra st in dnio .iiii. hidę. 7 ibi .iii. car'. Ibi .xii.
bord. 7 vi. cotar'. 7 ii. francig tenent .ii. hid 7 una v trę. 7 hnt
.ii. car'. Ibi .vi. ac pti. 7 l. ac pasturę. Valuit .vi. lib.
Modo dnium Edw. vi. lib 7 dim. francig .xl. solid.
Idē .E. ten EDINTONE. T.R.E. geldb p .x. hid. Tra .ē .vi. car'.
In dnio st .iii. car'. 7 iiii. serui. Ibi .ix. uitti 7 ii. cotar'. 7 xxiiij.
coscez. cu .iii. car'. Ibi .x. ac pti. 7 viii. ac pasturę. 7 viii. ac
siluę. Valuit .viij. lib. Modo .xii. lib. Herald com tenuit.
Idē .E. ten .vi. hid in HUND DE WRDERUSTESELLE. 7 p .vi.
hid geldb. T.R.E. Tra .ē .iij. car'. In dnio st .ii. car'. 7 iiij. uitti
7 ii. coscez cu .i. car'. Ibi molin redd .xviij. den. 7 xxiiij. ac pti.
7 una qx pasturę. Valuit .c. sol. Modo .vi. lib. Brictric tenuit.
Huard ten de Eduuardo.
Idē ten in ROTEFELD .i. hid. Aluric tenuit T.R.E. 7 p .i. hida
geldb. Herueus ten de Edw. Tra .ē dim car'. Ibi .iii. bord.
7 iiii. ac pti. Pastura dim qx lg. 7 tntd lat. Val .xv. solid.
Idē Edw ten WINTREBURNE. Uluiua tenuit T.R.E. 7 geldb p .iij.
hid. Tra .ē .iij. car'. Godefrid ten de Edw. De hac tra ten .ii. hid
in dnio 7 ibi .ii. car'. 7 iiij. serui. Ibi .iiij. uitti 7 iiij. bord cu .i. car'.
Ibi molin redd .v. solid. 7 vi. ac pti. 7 xxx. ac siluę. Pastura
.vi. qx lg. 7 iii. qx lat. Valuit 7 ual .iii. lib.
Idē .E. ten in WINTREBURNESTOCH .i. hid 7 dim. 7 Walter
ten de eo. Tra .ē .i. car'. que ibi .ē. Valet .xxx. solid.
Idē .E. ten in ead uilla .i. hid. Tra .i. car'. Walter ten de Edw.
Ibi ht .i. car' cu .ii. cotar'. 7 i. ac pti. 7 vi. ac pasturę.
Valet .xx. sol. Aluuius tenuit T.R.E. Cui uxor ibid tenet hid
dimid de rege.
Idē .E. ten WINTREBURNE. Alric tenuit T.R.E. 7 geldb
p .xiij. hid 7 iii. virg. Tra .ē .vii. car'. De hac tra st in dnio
.vii. hidę. 7 ibi .iiii. car'. 7 vii. serui. Ibi .xii. uitti 7 v. bord
cu .iij. car'. Ibi .x. ac pti. Pastura .i. leu lg. 7 dim leu lat.
Valuit .vi. lib. Modo .x. lib.
Idē .E. ten ORCESTONE. Hugo de eo. Godric tenuit T.R.E. 7 geldb
p .iij. hid 7 dim. Tra .ē .ii. car'. In dnio .ē una car'. 7 iiii. bord cu
iiij. seruis hnt .i. car'. Ibi pastura .viii. qx lg. 7 ii. qx lat. Valuit
.iii. lib. m .ii. lib.
Witts ten de .E. in Orcestone .ii. hid. Aluuin tenuit
T.R.E. Tra .ē .i. car'. que ibi .ē cu .i. bord 7 iii. seruis. 7 qt xx. ac
pasturę. Valuit .xx. sol. Modo .xxx.
Ipse .E. ten TODEWRDE. Aluuard tenuit T.R.E. 7 geldb p .iiii. hid. Todeworth
Tra .ē .ii. car'. In dnio st .iii. hidę de ead. 7 ibi .ii. car'. 7 iii. serui.
Ibi .i. uitts 7 ii. coscez. cu dim car'. Pastura .iiij. qx lg. 7 iii. qx lat.
Valuit .L. solid. Modo .lx. solid.
In Todeuuorde .ē una v trę. qua Croc diratiocinauit sibi
ptinere debe. Hanc tam ten Eduuard.
Ipse .E. ten LITLEGARSELE. Eluuard tenuit T.R.E. 7 geldb p .i.
hida. Tra .ē .iii. car'. In dnio st .ii. car'. 7 iii. serui. 7 viii. coscez.
cu .i. car'. Ibi pastura .iii. qx lg. 7 una qx lat. Silua dim leu
lg. 7 ii. qx lat. Valuit .c. solid. Modo .vi. lib 7 x. sol.
Osmund ten de .E. AMBRESBERIE. Ulmer tenuit T.R.E. 7 geldb
p .i. hida. Tra .ē .i. car'. Ibi st .iii. coscez 7 vi. ac pti. Pastura
.ii. qx lg. 7 dim qx lat. Valuit .x. sol. Modo .xx. solid.

Idē Osmund ten de Edw. iii. v̄ trę q̄ adiac Ambresbie. Tra ē. i. car. q̄ ibi. ē cū. ii. coscez 7 iii. seruis. Vn anglic ten de eađ tra. i. virg 7 dim. 7 ibi hr̄ dim car. 7 i. coscet. 7 iii. seruos. Tot ual. xl. solid. Alric 7 Cole tenuer T.R.E.

Ipse. E. ten Beorel. Adelelm de eo. Saulf tenuit T.R.E. 7 geldb p. iiii. hid. Tra. ē. ii. car. In dnio. ii. hidę 7 dim de eađ tra. 7 ibi. ii. car. cū. i. seruo. Ibi. i. uitts 7 ix. coscez. cū. i. car. Ibi. ii. ac̄ pa. 7 iii. ac̄ siluę. pastura. iii. qz lg. 7 ii. qz lat. Valuit. xl. sot. Modo. lx. solid.

Ipse. E. ten Stoche. Seremius tenuit T.R.E. 7 geldb p. xvi. hid 7 una v. Tra. ē. x. car. De hac ē in dnio. vii. hidę 7 dim. 7 ibi. iiii. car. 7 ii. serui. Ibi. viii. uitti 7 xvi. bord 7 xvi. cotar cū. vi. car. Ibi molin redd. xxx. denar 7 iiii. ac̄ pa. 7 xii. ac̄ pasturę. Silua dim leu lg. 7 iii. qz lat. Valuit. vi. lib. m̄ x. lib. Huic m̄ adiac una hida 7 una v. trę. sic diratio ẽ teinarii fr̄ angli. hanc trā ten Witts de pinchengi.

Teodric ten de. E. in Somreforde. iii. virg trę 7 dimid. 7 p tanto geld. Tra. ē. i. car. q̄ ibi. ē cū. iii. bord 7 iii. coscez. Ibi pars molini redd. xv. den. 7 v. ac̄ pa. 7 vnaac pasturę. In Malmesbie una dom redd. xv. den. Valuit. xv. sot. Modo. xx. solid. Seirold tenuit T.R.E.

Rotbt ten de. E. Blontesdone. Achi tenuit T.R.E. 7 geldb p v. hid. Tra. ē. iii. car. De ea ẽ in dnio. iiii. hidę 7 dimid. 7 ibi. ii. car. 7 iiii. bord cū. i. car. Ibi molin redd. xxv. den 7 xxx. ac̄ pa. 7 totid pasturę. Valuit. xl. sot. modo. lx. sot.

Ipse. E. ten Chetre. Azor tenuit T.R.E. 7 geldb p. xi. hid 7 una v. trę. Tra. ē. xiiii. car. De ea ẽ in dnio. vi. hidę 7 una v. trę. 7 ibi. i. car. 7 iiii. serui. 7 xi. colibti. 7 x. uitti 7 iii. coscez cū. v. car. Ibi xviii. ac̄ pa. 7 pastura. i. leu lg. 7 dim leu lat. 7 tntd siluę. Valuit. xx. lib. Modo. xxx. lib.

Ipse. E. ten Chetre. Chenuin tenuit T.R.E. 7 geldb p. v. hid. Tra. ē. iiii. car. De ea ẽ in dnio. iii. hidę. 7 ibi. ii. car. 7 iiii. serui. 7 v. uitti 7 iii. coscez cū. ii. car. Ibi. viii. ac̄ pa. 7 pastura. v. qz lg. 7 una qz lat. Valuit. viii. lib. modo. x. lib.

Rotbt ten de. E. Chetre. Vluuen tenuit T.R.E. 7 geldb p v. hid. Tra. ē. iiii. car. De ea ẽ in dnio. iii. hidę 7 dimid. 7 ibi. ii. car. 7 iii. serui. 7 iii. uitti 7 ii. bord cū. ii. car. Ibi pastura. vi. qz lg. 7 ii. qz lat. Valuit. lx. sot. m̄ c. sot.

Ipse. E. ten Boientone. Aluuin tenuit T.R.E. 7 geldb p. xi. hid 7 dimid. Tra. ē. vi. car. De ea ẽ in dnio. viii. hidę dimid. 7 ibi. iii. car. 7 v. serui. 7 vii. uitti 7 v. coscez. cū. ii. car. Ibi molin redd. xv. sot. 7 x. ac̄ pa. 7 pastura. iiii. qz lg. 7 iii. qz lat. Silua. iii. qz lg. 7 totid lat. Valuit. viii. lib. Modo. xi. lib 7 x. sot.

Adelelm ten de. E. Bellochelie. Winegod tenuit T.R.E. 7 geldb p una hid. Tra. ē. ii. car. que ibi ẽ in dnio cū. x. bord. Silua. iii. qz lg. 7 una qz lat. Valuit. xx. sot. m̄. xl. solid.

Azelin ten de. E. Pole. Wluuen tenuit T.R.E. 7 geldb p. v. hid. Tra. ē. v. car. De ea ẽ in dnio. ii. hidę 7 ibi. iii. car. 7 vi. serui. 7 vi. uitti 7 ii. bord cū. ii. car. Ibi molin redd. x. sot. 7 lx. ac̄ pa. Pastura. iii. qz lg. 7 ii. qz lat. Silua. i. leu in lg 7 lat. Valuit. c. sot. modo. vi. lib.

Ipse. E. ten Biscopestreu. Edred tenuit T.R.E. 7 geldb p. vii. hid. Tra. ē. vi. car. De ea ẽ in dnio. iiii. hidę 7 ibi. iii. car. 7 iiii. serui. 7 x. uitti. 7 vi. bord. 7 ii. cotar cū. iii. car. Ibi molin redd. xv. sot. 7 viii. ac̄ pa. 7 viii. ac̄ siluę. pastura v. qz lg. 7 iii. qz lat. Valuit. vii. lib. modo. xi. lib.

Ipse. E. ten in Mideltone. iii. virg trę. Leuuin 7 Alric tenuer T.R.E. 7 p tanto geldb. Tra. ē. i. car. que ibi. ē cū uno uitto. 7 sot. 7 iiii. ac̄ pa. 7 vi. ac̄ pasturę. 7 una ac̄ siluę. Valuit 7 ual. xxvii.

Gislebtus ten de. E. Licuoche. Duain tenuit T.R.E. 7 geldb p. ii. hid. Tra. ē. ii. car 7 dim. Ibi ẽ. ii. car in dnio cū. vi. coscez. 7 iii. ac̄ pa. 7 totid pasturę. Valuit. xxx. sot. Modo. xl. solid.

Borel ten de. E. Lincelet. Vluui tenuit T.R.E. 7 geldb p. vii. hid. Tra. ē. vi. car. De ea ẽ in dnio. ii. hidę. 7 ibi. ii. car. 7 ii. serui. 7 iiii. uitti 7 ix. cotar. 7 vii. coscez. cū. iii. car. Ibi. viii. ac̄ pa. 7 vi. ac̄ siluę. Valuit. xl. sot. modo. iiii. lib. Idem Vluui ten de eađ tra. i. hid. Valet. x. solid.

Borel ten de. E. Tefonte. Elric tenuit T.R.E. 7 geldb p. ii. hid. Tra. ē. i. car. quę ibi. ē. 7 ii. serui. 7 iii. coscez. Ibi qrta pars molini redd. xx. den. 7 vi. ac̄ pa. Valuit. x. sot. modo. xx. solid.

Ipse. E. ten Lacoch. Eduin tenuit T.R.E. 7 geldb p. vii. hid. Tra. ē. ix. car. De ea ẽ in dnio. iii. hidę 7 dim. 7 ibi iii. car. 7 vii. serui. 7 xii. uitti. 7 xvi. coscez. 7 iii. cotar. Ibi. ii. molini redd. xvii. sot 7 vi. den. 7 xx. ac̄ pa. 7 dim ac̄ uinee. Siluę. i. leu int lg 7 lat. Valuit 7 ual. vii. lib.

Ipse. E. ten in Rochelie. i. hidā. Azor tenuit T.R.E. Tra. ē. ii. car. In dnio. ē una car. 7 un uitts 7 iii. bord cū. i. car. 7 xx. ac̄ pasturę. Valuit 7 ual. xl. solid.

Tetbald ten de. E. Wintreburne. Aluuard tenuit T.R.E 7 geldb p. iii. hid 7 una v. trę. 7 iiii. acris. Tra. ē. ii. car. In dnio. ē. i. car. cū. i. uitto. 7 vi. bord. 7 xiii. ac̄ pasturę. Valuit. xxx. sot. modo. iiii. lib.

Azelin ten de. E. in Depeford. ii. hid trę. Osuuard 7 Goduin teneb T.R.E. 7 p tanto geldb. Tra. ē. ii. car. De ea in dnio. ē hida 7 dim. 7 ibi. ii. car. cū. i. uitto. 7 iii. bord. 7 ii. cotar. Ibi molin redd. x. sot. 7 viii. ac̄ pa. 7 xvi. ac̄ pasturę. Valuit. xx. sot. Modo. xl. solid. Qui teneb poterant ire quolib.

Turchetil ten de. E. in Berchel. i. hid trę. Duo tain tenuer T.R.E. 7 p tanto geldb. Tra. ē. vi. bob. Ibi. ē. i. car. cū. i. seruo. 7 iiii. coscez. 7 iiii. ac̄ pa. 7 xii. ac̄ pasturę. 7 iii. ac̄ siluę paruę. Valuit. x. sot. modo. xv. solid.

Godefrid ten de. E. Werochestalle. Balduin tenuit T.R.E 7 geldb p. vii. hid. Tra. ē. ix. car. De ea ẽ in dnio. iii. hidę 7 ibi. iiii. car. 7 iii. serui. 7 xvii. uitti. 7 v. bord. 7 vi. coscez. cū. v. car. Ibi. ii. molini redd. xviii. sot. 7 dimid ac̄ pa. Silua. vi. qz lg. 7 iiii. qz lat. 7 ii. burgses in Malmesberie redd. ii. solid. Valuit. c. sot. modo. vi. lib.

Aiulf ten de. E. Tollard. Rozo tenuit T.R.E. 7 geldb p. ii. hid 7 dim. Tra. ē totid car. De ea ẽ in dnio. ii. hidę 7 dim v. trę. 7 ibi. ii. car. 7 iii. uitti 7 vii. coscez cū dim car. Ibi pastura. ii. qz lg. 7 una qz lat. 7 tntd siluę. Valuit. xl. sot. modo. l. sot.

Petrus ten de. E. in Poltone. i. hid. God tenuit T.R.E. Tra. ē. i. car. q̄ ibi. ē cū. i. seruo 7 i. bord. Ibi molin redd. xxxii. den. 7 ii. ac̄ pa. pastura. l. ouib. Valet. xx. solid.

Ipse. E. ten Wintreburne. Wluuen tenuit T.R.E. 7 geldb p. vii. hid. Tra. ē. vi. car. De ea ẽ in dnio. iii. hidę 7 ibi. ii. car. 7 viii. serui. 7 viii. uitti 7 xii. coscez cū. iii. car. Ibi molin redd. xv. sot. 7 xiiii. ac̄ pa. pastura. v. qz lg. 7 iii. qz lat. Valuit. viii. lib. modo. xii. lib.

Letard ten de. E. in Langeforde. i. hidā trę. Azor tenuit T.R.E. 7 p tanto geldb. Tra. ē dimid car. Ibi. xx. ac̄ pa. 7 x. ac̄ pasturę. Valuit 7 ual. xx. solid. Laici diratiocinantur hanc trā ecctę Glastingeberie.

.XXV. TERRA ERNULFI DE HESDING.

Ernulfus de Hesding ten de rege Chivele. Bricsi tenuit T.R.E. 7 geldb p. xvi. hid. De hac tra ẽ in dnio. vii. hidę. 7 ibi. vi. car. 7 x. serui. 7 xviii. uitti. 7 xiiii. bord cū. xii. car. Ibi molini. ii. redd. lv. solid. 7 xvi. ac̄ pa. Pastura. iiii. qz lg. 7 iiii. lat. Silua. i. leu lg. 7 ii. qz lat. Valet. xxvi. lib. Qdo recep. ualb. xx. lib. excepta firma. ii. taunoz q̄ in mansione fierat.

Tra ē xvi. car.

Ide Ern ten in Poterne. iii. hid 7 una v. trę. que geldb cū Poterne m̄ epi Sarisberiens. T.R.E. hanc trā clamat Osmund eps. Algar qui tenuit T.R.E. n̄ poterat ab eccta separari. Robtus tenet de Ernulfo. Tra. ē. ii. car. 7 ẽ in dnio.

7 un uitts ibi ht dim car. 7 vi. serui. 7 iii. bord. Ibi molin
redd. vii. sol. 7 vi. den. 7 xiiii. ac pa. iii. qx lg.
7 una qx lat. Valuit. iiij. lib. Modo. c. solid.

Lethelin ten de Er. CHEVREL. Aluuard tenuit T.R.E.
7 geldb p. iii. hid 7 dim. Tra. e. iii. car. In dnio st. ii.
car. 7 xii. bord cu. i. car. Ibi dimid molin redd. xxx. den
7 iii. ac pa. pastura. x. qx lg. 7 una lat.
Valuit. lx. solid. modo. c. solid.

In [illegible] st. ii. hide. Tra. i. car. Edric tenuit
T.R.E. 7 uxor ei ten m de Ernulfo. 7 ibi ht. i. car. 7 vii.
bord cu. i. cotar. Ibi. xii. ac pa. 7 xii. ac pasture.
Valuit 7 ual. xl. solid.

Ead uxor Edrici ten de Er. CALESTONE. Vir ei tenuit
T.R.E. 7 geldb p. ii. hid 7 dim. Tra. e. iii. car. De ea in
dnio. e. i. hida 7 una v. 7 ibi. i. car. 7 un uitts 7 x. bord
7 xviii. coscez cu. i. car. Ibi molin redd. xv. sol. 7 xii.
ac pa. 7 vi. ac silue. pastura. iii. qx lg. 7 una qx lat.
In Calne un burgsis redd. xi. denar. Valuit 7 ual. iiij. lib.

In [illegible] ten id Er. de rege. ii. hid. T.R.E. tenebat
un tain de abbatia Wintoniensi. 7 n poterat ab ea sepa
rari. Valuit 7 ual. xl. solid.

Benzelin ten de Er. STANDONE. Brictric tenuit T.R.E.
7 geldb p. ii. hid. Tra. e. ii. car. In dnio. e una. 7 molin
redd. vi. sol. 7 iiij. ac pa. pastura. iii. qx lg. 7 iii. lat.
Silua. iii. qx lg. 7 una qx lat. Valet. xl. solid.

Ipse Er. ten CALDEFELLE. Wallef tenuit T.R.E. 7 geld
p. ii. hid 7 dim. Tra. e. ii. car. De ea. e in dnio. i. hida
7 dim. 7 ibi. i. car. cu. i. seruo. 7 iiii. bord. Ibi dim molin
redd. xviii. den. 7 vi. ac pa. 7 vi. ac silue. 7 viii. ac
pasture. Valuit. iiii. lib. modo. l. solid.

Ipse Er. ten in ead uilla tantd tre. p uno m. Goduin
tenuit T.R.E. Ibi tantd habet qui in supiori tanet
7 tntd appciat.

Ide Er. ten. v. acs tre in [illegible].

Rotbt ten de Er. SELVE. Chetel tenuit T.R.E. 7 geldb p. iij.
hid. Tra. e. ii. car. De ea st in dnio. ii. hide 7 dim. 7 ibi. ii. car.
cu. iiii. coscez. Ibi. xx. ac pa. 7 xv. ac pasture. 7 iiii. ac
silue. Valuit. xxx. sol. modo. xl. solid.

Robt ten de Er. BICHENEHILDE. Chetel tenuit T.R.E. 7 geld
p. i. hida. Tra. e dimid car. q ibi. e cu. i. coscet. 7 vi. ac pa.
7 iiij. ac silue. Valuit. x. sol. modo. xv. solid.

Robt ten de Er. [illegible]. Brictric tenuit T.R.E. 7 geldb
p. ii. hid. Tra. e. ii. car. Ibi. vii. coscet cu. i. car. 7 xii. ac
pa. 7 vi. ac pasture. 7 xii. ac silue. Valuit. xx. sol. m. xxx.
solid.

Rotbt ten de Er. [illegible]. Aschil
tenuit T.R.E. 7 geldb p. i. hida. Tra. e. i. car. q ibi est
cu. iii. coscez. Ibi molin redd. vii. sol 7 dim. 7 vi. ac pa.
7 una ac pasture. 7 viii. ac silue. Valuit. xv. sol. m. xxx.
solid.

Vluuard ten de Er. ad firma CELDRINTONE.
Ipse tenuit T.R.E. 7 geldb p. i. hida 7 iiii. acris. Tra. e
. i. car. q ibi. e in dnio. 7 pastura. ii. qx lg. 7 una qx lat.
Valuit. xxv. sol. Modo. xl. solid.

Ipse Er. ten CELDRINTONE. Seuui tenuit T.R.E. 7 geldb
p. i. hida. Tra. e. i. car. q ibi. e. cu. i. coscet. 7 pastura
. ii. qx lg. 7 una qx lat. Valuit. xxv. sol. Modo. xl. sol.

Godric ten de Er. in CELDRINTONE. i. hida. Aluuin
7 Vluric tenuer T.R.E. p. ii. man. 7 p una hida geldb.
Tra. e. i. car 7 dim. 7 tant e ibi. cu. ii. coscez. Ibi pa
stura. ii. qx lg. 7 una qx lat. Valuit. xx. sol. m. xl. sol.

Robt ten de Er. BECHENEHILDE. Turgot tenuit T.R.E. 7 geld
p. i. hida. Tra. e dimid car. Ibi. e un coscet. 7 vi. ac pa.
7 vi. ac silue. Valuit. x. solid. Modo xv. solid.

Urso ten de Er. CHENEBUILD. Vluuid tenuit T.R.E.
7 geldb p. ii. hid 7 dimid. Tra. e. ii. car. In dnio. e una.
7 ii. serui. 7 vi. ac pa. 7 ii. ac silue. Valuit. xx. sol. Modo. xxv. solid.

Ipse Er. ten CHELESLAVE. Vluui tenuit T.R.E. 7 geldb p una hida
7 una v. 7 dimid. Tra. e. i. car. 7 una ac pa 7 dimid. 7 una ac silue.

In ead uilla ten un tain de Er. ii. v. tre 7 dimid. Val. xx. solid.
hic T.R.E. poterat ire ad que uellet dnm. 7 T.R.W. sponte se uertat
ad Ern. Valb terra. xx. sol. modo. xl. den. q s redd Er. de firma.

Urso ten de Er. DEVREL. Vlmar tenuit T.R.E. 7 geldb p. ii. hid
7 dimid. 7 dim v tre. Tra. e. iii. car. De ea st in dnio. i. hida 7 dim.
7 ibi. ii. car. 7 iii. serui. 7 ii. bord 7 vi. coscez. cu. i. car. Ibi molin
redd. v. solid. 7 ii. ac pa. pastura dimid leu lg. 7 una qx lat.
7 tntd silue. Valuit. xxx. solid. modo. l. solid.

Rainbold ten de Er. OPETONE. Tous tenuit T.R.E. 7 geldb p. ii. hid
7 dimid. Tra. e. iii. car. De ea. e in dnio hida 7 dimid. 7 ibi. ii. car.
cu. i. uitto 7 v. bord. Ibi. iiii. ac pa. 7 iii. ac silue. Valet. xl. sol.
In hac tra. e dimid hida cophensa q geldb T.R.E. sed postq rex. W.
in Anglia uenit. geld n reddid.

Infra eand tra ten Ernulf de tra Willi de ow. dimid hida. 7 etia
de tra dnica regis tantu qd ual. i. hida.

Nubold ten de Er. WINTREBORNE. Edric tenuit T.R.E. 7 geld
p. i. hida 7 ii. v tre 7 dim. Tra. e. i. car q ibi. e cu. ii. seruis. 7 viii. ac
pasture. Valuit. xx. sol modo. xl. solid.

Turchil ten de Er. HARDENEHUS. Aluuard tenuit T.R.E. 7 geldb p. iii. hid
Tra. e. iiii. car. Ibi st. iii. bord 7 xii. ac pa. Silua. i. qx lg. 7 i. qx lat.
Valuit. iiii. lib. modo. xl. solid.

Ipse Er. ten ESTONE. God tenuit T.R.E. 7 geldb p. v. hid. Tra. e. iij. car.
In dnio st. ii. car. cu. i. seruo. 7 iij. bord. Ibi. x. ac pa. 7 xii. ac pasture.
Valuit. lx. solid. Modo. c. solid.

Judichel ten de Er. ESTONE. Duo taini tenet T.R.E. 7 geldb p. v. hid.
Tra. e. iii. car. De ea st in dnio. iii. hide 7 dimid. 7 ibi. ii. car. 7 ii. uitti 7 vi.
bord. 7 xx. ac pa. 7 tntd pasture. 7 x. ac silue. Valuit. xxx. sol. m. l. sol.

Hubold ten un man de Ernulfo. Aluric tenuit T.R.E. 7 geldb p. i. hida.
Tra. e. i. car. 7 iii. ac pa. Valuit. v. solid. modo. x. solid.

.XXVI. TERRA ALUREDI DE MERLEBERG.

Alured de MERLEBERGE ten ADELINGTONE. T.R.E. geldb
p. xi. hid 7 dimid. 7 v. acris tre. Tra. e. vii. car. De ea st in dnio. vii.
hide 7 dimid. 7 ibi. iiii. car. 7 vii. serui. 7 vi. uitti 7 vii. bord cu. i. car.
Ibi. xx. ac pa. pastura. vi. qx lg. 7 iii. qx lat.
De hac tra ht un miles. ii. hid. 7 ibi. i. car. Tot ualb. xii. lib. m. xv. lib.

xviii. hid. ii. hid. ii. hid.
Willelm 7 Gislebt 7 Vluiet ten de Alur RODE. T.R.E. geldb
p. xx. hid. Tra. e. viii. car. In dnio st. iiii. car. 7 iiii. serui. 7 iiii. uitti
7 viii. bord. 7 xi. coscez. 7 pbr cu. iiii. car. Ibi. ii. molini Willi redd
x. sol 7 viii. denar. 7 xx. ac pa. Silua. vi. qx lg. 7 una qx 7 dim lat.
Valuit tot. vi. lib. Modo. viii. lib.

Ipse Al. ten TEFONTE. T.R.E. geldb p. vi. hid 7 dimid. Tra. e. v. car.
De ea st in dnio. iiii. hide. 7 ibi. ii. car. 7 x. serui. 7 iiii. uitti 7 iii. bord
7 un franc cu. ii. car. Ibi molin redd. x. sol. 7 vi. ac pa. 7 vi. pasture.
7 vi. silue. Valuit 7 ual. vi. lib.

Hugo ten de Alu CROSTONE. T.R.E. geldb p. viij. hid. Tra. e. v.
car. De ea st in dnio. iii. hide. 7 ibi. iii. car. 7 iii. serui. 7 ii. uitti 7 v.
coscez. cu. ii. car. Ibi molin redd. xxx. sol. 7 x. ac pa. 7 pastura
vi. acs lg. 7 tntd lat. Silua. iii. qx lg. 7 una qx lat. Valuit 7 ual
vii. lib.

Ipse Alu ten NEWENTONE. T.R.E. geldb p. xi. hid.
Tra. e. vii. car. De ea st in dnio. vi. hide. 7 ibi. ii. car. 7 vi. serui.
7 vi. uitti 7 iiij. bord cu. iii. car. Ibi molin redd. x. solid. 7 iii. ac pa.
7 pastura. iii. qx lg. 7 ii. qx lat.
De ead tra ht Girard. iii. hid. 7 ibi. iiii. uitt. 7 v. bord cu. ii. car.
Valuit. x. lib. modo. xviii. lib. Ab anglis appciat. xii. lib.

Eduuard ten de Alu in WINTREBORNE. i. hida. Tra. i. car.
que ibi. e. cu. i. seruo. 7 i. bord. Valuit. x. sol. Modo. xx. solid.

Ipse Alu ten LEDIAR. T.R.E. geldb p. vii. hid. Tra. e. vii. car.
De ea st in dnio. iii. hide. 7 ibi. i. car. 7 ii. serui. 7 viii. uitti 7 x. coscez.
cu. iiii. car. 7 xl. ac pa. 7 xxx. ac pasture. Silua. i. leu lg. 7 dim lat.
Valuit. x. lib. modo. vi. lib. In Crichelade. vii. burgses redd. v. sol.

Ipse. Alu. ten in SVINDONE. i. hid 7 dimid. Tra. vi. bou. Val. xii. sol.
Altbaus ten de. Alu. MORDONE. T.R.E. geldb p. vi. hid. Tra. e. iiii. car. De ea st in dnio. iii. hide. 7 ibi. ii. car. 7 iii. serui. 7 iii. uitti 7 v. bord cu. ii. car. Ibi. xxx. ac pa. Pastura dimid leu lg. 7 ii. qx lat. Valuit. c. solid. modo. iiij. lib.

Gunfrid ten de. Alu WILDEHILLE. T.R.E. geldb p. v. hid. Tra. e. iii. car. De ea st in dnio. iiii. hide. 7 ibi. ii. car. 7 ii. uitti 7 iiii. bord cu. i. car. Ibi molin redd. xxv. denar. 7 xxx. ac pa. 7 tantd pasture. Valuit. xl. sol. modo. lx. solid.

Radulf ten de. Alu. OPETONE. T.R.E. geldb p. xx. hid. Tra. e vi. car. De ea st in dnio. v. hide. 7 ibi. ii. car. 7 v. serui. 7 x. uitti 7 xcii. bord. cu. iiii. car. Ibi molin redd. xx. sol. 7 v. ac pa. 7 xxx. ac pasture. Silua. iii. qx lg. 7 una qx lat. Valuit. viii. lib. m. ix. lib.

Ipse. Alu. ten NORTONE. T.R.E. geldb p. xi. hid. Tra. e. viii. car. De ea st in dnio. vi. hide. 7 ibi. ii. car. 7 ii. serui. 7 xii. uitti 7 viii. bord cu. vi. car. Ibi. ii. molini redd. xl. sol. 7 x. ac pa. Pastura. iiij. qx lg. 7 ii. qx lat. Silua dimid leu lg. 7 iiij. qx lat. Valuit xxiiii. lib. modo. xiiij. lib. / Val. viii. lib.

Ipse. Al. ten ROCHELIE. T.R.E. geldb p. x. hid. Tra. e. vi. car. De ea st in dnio vi. hide 7 iii. v tre. 7 ibi. i. car. cu. i. seruo. Ibi. vii. uitti 7 xii. bord. cu. iij. car. Ibi. iii. ac pa. Pastura dimid leu lg. 7 iiij. qx lat.

Ipse. Alu. ten FISTHIDE. Radulf de eo. T.R.E. geldb p. v. hid. Tra. e. iiij. car. De ea st in dnio. iii. hide. 7 ibi. i. car. 7 iii. serui. Ibi. x. uitti 7 vi. bord cu. ii. car. Ibi. ii. ac pa. Pastura dimid leu lg. 7 ii. qx lat. Silua dim leu lg. 7 dimid qx lat. Valuit. iiii. lib. modo. c. solid. / den. Ibi. i. ferraria redd. xii. den pann. In Wiltune. ii. burgses red. xxiiij.
Ipse Alu ten una v tre in Lacoc. Tra. e. i. car. q ibi. e cu. i. bord. 7 ii. ac pa. Valuit. x. sol. modo. v. solid.
Oms has pscriptas tras tenuit Carlo. T.R.E.

Rogeri ten de. Alu. CLIVE. Godric 7 Ledgar 7 Aluric 7 Uluric tenuer p. iiii. maneriis T.R.E. 7 geldb p. iiii. hid. Tra. e. ii. car. In dnio. e una. car. 7 iii. serui. 7 ii. coscez. Ibi. xxiiij. ac pa. 7 xx. ac pasture. 7 vi. ac siluæ. Valuit. xl. solid. modo. l. solid.

Robt ten de. Alu. in CLIVE. ii. hid 7 dim 7 p tanto geldb T.R.E. Sigar Carman teneb. Tra. e. i. car 7 dimid. Ibi st. iii. serui. cu. i. bord. 7 molinu redd. v. sol. 7 xii. ac pa. 7 xx. ac pasture. 7 l. ac siluæ. Valuit. xx. solid. modo. xxx. solid.

Siuuard ten de. Alu SUMREFORD. Alnod tenuit T.R.E. 7 geldb p. iij. hid. 7 xxiiii. acris tre. Tra. e. iii. car. De ea st in dnio. ii. hide. 7 ibi. i. car. 7 ii. serui. 7 iii. uitti 7 ii. bord 7 viij. coscez cu. ii. car. Ibi molin redd. v. solid. 7 v. ac pa. Silua. ii. qx lg. 7 una qx lat. Valuit 7 ual. xl. solid.

Eduuard ten de. Alu. in CHEGESLEI. i. hid 7 una v tre. Tra. e. i. car. In dnio. e dim car. cu. i. seruo. 7 i. cotar. 7 i. ac pa. 7 i. ac siluæ. in lg 7 lat. In Malmesberie dimid dom redd. vi. den. Valuit. xl. sol. modo. x. sol. Pter hanc tra ht Durand de Glouuecestre dimid v tre qua ide Eduuard teneb. T.R.E. hanc ei abstulit iniuste Amalric de Dreuues. ut testant oms

Osmund ten de Alu in HORNINGEHA dimid hida. 7 p tanto fuit semp geldb T.R.E. Colsuen teneb. poterat ire q uoleb. Tra. e. i. car. q ibi. e cu. iiij. bord. Ibi. viij. ac siluæ 7 una leu pasturæ. 7 molin redd. vii. sol 7 vi. denar. Valuit. v. sol. modo. x. solid.

In CHENETE ten Alu. xiii. hid 7 dim 7 ii. ac tre. De his ho Nicolaus ii. hid. Turstin. iii. hid 7 dimid. Uluiet. ii. hid. Leuric. iij. hid 7 dimid. Ulmar. ii. hid 7 dimid. 7 ii. ac tre. Tra. e. vi. car. Ibi st. iiii. car. cu. i. uitto 7 xv. bord. Ibi molin redd. xii. sol. 7 xi. ac pa. 7 c. vi. ac pasture. 7 vii. ac siluæ. Tot ualb qdo recep. iiij. lib 7 x. sol. Modo. viii. lib 7 x. sol. Has hid in Chenet T.R.E. tenuer. Uluiet. Alnod. Edmar Leuric 7 Ulmar.

Witts dur ten de Alu TEDELINTONE. Alueue Ulueua tenebat p. ii. man T.R.E. 7 geldb p. iiii. hid. Tra. e. iiij. car. De ea st in dnio. ii. hide. 7 ibi. i. car. 7 ii. uitti 7 iiii. bord 7 ii. cotar. Ibi. ii. partes molini redd. xl. den 7 x. ac pa. Valuit 7 ualet. lx. solid.

Ulmar ten de Alu. in FISTHIDE. i. hid. Ide teneb T.R.E. Valuit 7 ual. x. sol.

·XXVII. TERRA HVNFRIDI DE INSULA.

Hunfridus de Insula ten de rege BROCTONE. Tres taini tenuer in paragio T.R.E. 7 geldb p. xii. hid. Tra. e. viii. car. De ea st in dnio. iiii. hide 7 dim. 7 ibi. iii. car. 7 ii. serui. 7 xvii. uitti 7 iiij. bord cu. vii. car. Ibi. ii. molini redd. x. solid. 7 xii. ac pa. 7 viii. ac pasture. Silua. i. leu lg. 7 ii. qx lat. Valuit xiii. lib. modo. x. lib.

Pagen ten de. h. CONTONE. Leuenot tenuit T.R.E. 7 geldb p. v. hid 7 dim. Tra. e. iiij. car. De ea st in dnio. ii. hide 7 una v tre. 7 ibi. ii. car. 7 iiii. serui. 7 iiij. uitti 7 iiij. coscez cu. ii. car. Ibi tcia pars. ii. molinor redd. x. sol. 7 xx. ac pa. 7 x. ac pasture. 7 tantd siluæ. Valuit 7 ual. iiii. lib 7 x. sol.

Ipse. h. ten STERTE. Aluric tenuit T.R.E. 7 geldb p. v. hid. 7 una v 7 dimid cu append. Tra. e. iii. car. De ea st in dnio. iiii. hide. 7 ibi. iii. car. 7 vi. serui. 7 xv. bord. 7 un franc hns una v 7 dim. Ibi. ii. molini redd. viij. solid 7 xxx. ac pa. 7 x. ac pasture. 7 ii. ac siluæ. Valuit. c. sol. m. vi. lib.

Blacheman ten de. h. BORBETE. Edric tenuit T.R.E. 7 geldb p. ii. hid 7 dim. Tra. e. ii. car 7 dim. De ea. e in dnio hida 7 dim. 7 ibi. i. car. 7 ii. uitti 7 iii. coscez cu. i. car. Silua ibi iii. qx lg. 7 ii. qx lat. Valuit. l. sol. modo. xl. solid.

Pagen ten de. h. CORTEWELLE. Leuenot tenuit T.R.E. 7 geldb p. iiii. hid. Tra. e. v. car. In dnio st. ii. car. cu. i. seruo. 7 ii. uitti 7 iiii. bord cu. iij. car. Ibi. iiii. ac pa. 7 v. ac siluæ. Valet. iii. lib. De ead tra ht rex. i. hid in suo dnio 7 nil ibi. e. 7 Un anglic ten dimid de rege. Val. viij. solid.

Gunter ten de. h. RVSTESELLE. Uluric tenuit T.R.E. 7 geldb p. iiij. hid. Tra. e. ii. car. In dnio. e una cu. ii. bord. 7 de molino. xii. denar. 7 viij. ac pa. 7 dimid qx pasturæ. Valet. xl. solid.

Robt ten de. h. WERTONE. Alnod tenuit T.R.E. 7 geldb p. x. hid. Tra. e. iiij. car. De ea st in dnio. v. hide 7 dim. 7 ibi. ii. car. 7 vi. uitti 7 ix. bord cu. ii. car. 7 ibi un franc ten. ii. hid de ead tra. Ibi molin de. xv. den. 7 xxx. ac pasturæ. 7 ii. ac siluæ. Valuit 7 ual. c. solid.

Robt ten de. h. SALTEHARPE. Uluuin tenuit T.R.E. 7 geldb p. x. hid. Tra. e. iiii. car. De ea st in dnio. viij. hide. 7 ibi. ii. car. 7 ii. serui. 7 ix. bord cu. i. car. Ibi. xx. ac pa. 7 xxx. ac pasturæ. Valuit. c. solid. modo. iiii. lib.

Robt ten de. h. CLIVE. Eduin tenuit T.R.E. 7 geldb p. viij. hid. Tra. e. iiii. car. De ea st in dnio. vi. hide. 7 ibi. ii. car. 7 iiii. serui. 7 ii. uitti 7 vii. bord cu. ii. car. Ibi. xx. ac pa. 7 tantd pasturæ. 7 iii. burgses in Crichelade redd. iii. den. Valuit 7 ual. iiij. lib.

Robt ten de. h. SUMREFORD. Eduin tenuit T.R.E. 7 geldb p. iij. hid. 7 xxiiij. acris. Tra. e. iii. car. De ea st in dnio. ii. hide. 7 vii. bord. Ibi. xxvi. coscez. hnt. ii. car. 7 tcia pars molini redd. viij. sol. 7 x. ac pa. Pastura. iii. qx lg. 7 una qx lat. In Malmesberie. i. burgsis redd. xii. den. Valuit 7 ual. lx. solid.

Elbert ten de. h. SANTECOTE. Sauuin tenuit T.R.E. 7 geldb p. v. hid. Tra. e. iiij. car. De ea st in dnio. ii. hide 7 dimid. 7 ibi. iii. car. 7 ii. serui. 7 iii. uitti 7 iiij. bord. cu. i. coscet hnt. ii. car. Ibi molin. v. solid. 7 xx. ac pa. Silua. iiij. qx lg. 7 una qx lat. 7 un burgsis redd. viii. den. Valuit. xl. solid. modo. lx. solid.

Ilbt ten de. h. BLVNTESDONE. Edric tenuit T.R.E. 7 geldb p. v. hid. Tra. e. ii. car 7 dimid. De ea st in dnio. ii. hide 7 dim. 7 ibi. i. car. cu. i. seruo. 7 ii. bord cu. i. car 7 dim. Valuit. xxx. solid. modo. l. solid.

Hugo 7 Girald ten de. h. GRENDEWELLE. Ordulf tenuit T.R.E. 7 geldb p. v. hid. Tra. e. iii. car. De ea st in dnio iiii. hide. 7 ibi. ii. car. cu. i. seruo. 7 i. uitt 7 ii. bord cu. i. car. Ibi. xii. ac pa. Valuit. xl. solid. modo. lxx. solid.

Robt ten de. h. SCHETONE. Chenui tenuit T.R.E. 7 geldb p. vi. hid. Tra. e. iiii. car. De ea st in dnio. iii. hide. 7 ibi. ii. car. 7 iii. serui. 7 iiii. uitti 7 iii. coscez cu. ii. car. Ibi dimid molin redd. vi. sol 7 iii. denar. 7 xii. ac pa. Pastura. vi. qx lg. 7 tantd lat. Valuit. iiij. lib. modo. vi. lib.

Ipse hunfrid ten Wile. Aluric tenuit T.R.E. 7 geldb p. iii. hid. 7 ii. virg. Tra. e. iiii. car. De ea. e in dnio. i. hida 7 una v tre. 7 ibi. iii. car. 7 xii. serui. 7 ii. uitti 7 vi. coscez. cu. i. car 7 dimid. Ibi molin. xx. solid. 7 x. ac pa. Pastura dimid leu lg. 7 tntd lat. Valuit. iii. lib. modo. iiii. lib.

Ipse. h. ten Wilrenone. Eduin tenuit T.R.E. 7 geldb p. iii. hid. Tra. e. ii. car. De ea st in dnio. ii. hide. 7 ibi una car. 7 ii. uitti 7 i. coscet cu. i. car. Ibi molin redd vi. sol. 7 v. ac pa. 7 viii. ac pasture. Valuit. xl. sol. m

Ipse. h. ten Colerne. Leuenot tenuit T.R.E. / lx. sol. 7 geldb p. x. hid. Tra. e. xii. car. De ea st in dnio. iiii. hide 7 dimid. 7 ibi. iii. car. 7 x. serui. 7 xiii. uitti 7 v. coscez cu. viii. car. Ibi molin redd. xiii. sol 7 vi. den. 7 viii. ac pa. Silua parua. i. leu lg. 7 alia lat. Valuit 7 ual. x. lib.

Ipse. h. ten Wintreburne. Duo taini teneb T.R.E. 7 geldb p. x. hid. Tra. e. vi. car. De ea st in dnio. iiii. hide 7 x. ac tre. 7 ibi. iii. car. 7 viii. serui. 7 iiii. uitti 7 viii. bord cu. iii. car. Ibi. xiiii. ac pa. 7 xx. ac pasture. Valuit 7 ual. x. lib.

Ipse. h. ten Poltone. Toui tenuit T.R.E. 7 geldb p. x. hid. Tra. e. iiii. car. De ea st in dnio viii. hide. 7 ibi. ii. car. 7 ii. serui. 7 ii. uitti 7 vii. bord. cu. i. car. Ibi molin redd. xv. sol. 7 iiii. ac pa. 7 x. ac pasture. 7 viii. ac silue. Valuit 7 ual. viii. lib.

Rannulf ten de. h. Hantone. Vlgar tenuit T.R.E. 7 geldb p. x. hid. Tra. e. iiii. car. De ea st in dnio. vi. hide. 7 ibi. i. car. cu. i. seruo. 7 iiii. uitti 7 vi. bord cu. ii. car. Ibi. xii. ac pa. 7 xiiii. ac pasture. Valuit 7 ual. c. sol.

Turchetil ten de. h. Bedestone. Aluric tenuit T.R.E. 7 geldb p. i. hida 7 una v. Tra. e   Ibi st. iiii. coscez 7 iii. ac pa. 7 ii. ac silue. Valuit. x. sol. m. xx. solid.

Hugo ten de. h. Hedreham. Godric tenuit T.R.E. 7 geldb p. i. hida. Tra. e dimid car. Ibi st. ii. coscez. 7 ii. ac pa. 7 vii. ac pasture. 7 ii. ac silue. Valuit. viii. sol. modo. xii. solid.

Ipse. h. ten Come. Suain tenuit T.R.E. 7 geldb p. x. hid. Tra. e. x. car. De ea st in dnio. v. hide. una v min. 7 ibi. iiii. car. 7 xiii. serui. 7 v. uitti 7 vii. bord 7 v. cotar. cu. vi. car. Ibi. iii. molini redd. xxxi. sol 7 vi. den. 7 xii. ac pa. Silua. i. leu lg. 7 dimid leu lat. In Wiltune. i. burgsis redd. v. sol. 7 ii. burgses in Malmesberie redd. xviii. denar. Valuit 7 ual. x. lib.

Robt ten de. h. Sorestone. Godus tenuit T.R.E. 7 geldb p. vi. hid 7 dimid. Tra. e. v. car. De ea st in dnio. iii. hid 7 dimid. 7 ibi. iii. car. 7 ii. serui. 7 iii. uitti 7 ix. bord cu. ii. car. Ibi. ii. molini redd. x. solid. 7 vi. ac pa. 7 x. ac silue minute. Valuit. iii. lib. m. iiii. lib.

Ipse. h. ten Hardicote. Aluric tenuit T.R.E. 7 geldb p. iii. hid. Tra. e. iiii. car. De ea st in dnio. ii. hide. 7 ibi. ii. car. cu. i. seruo. 7 ii. uitti 7 xii. bord cu. ii. car. Ibi molin redd. vi. solid. 7 vi. ac pa. 7 viii. ac pasture. Valuit. xl. solid. modo. lx. solid.

Ipse. h. ten Fifhide. Edricus tenuit T.R.E. 7 geldab p. iii. hid. Tra. e. iiii. car. De ea st in dnio. ii. hide. 7 ibi. i. car. 7 iii. serui. 7 iiii. uitti 7 ii. bord. 7 ii. colibti cu. iii. car. Ibi xii. ac pa. Silua. ii. qx lg. 7 una qx lat. Valuit. xl. sol. m. l. sol.

Gozelin ten de. h. in Meletone dim hid tre. 7 p tanto geldb T.R.E. Sauuold 7 Sauuard teneb. Tra. e. i. car. Ibi st. vi. cotar 7 iii. ac pa. Valuit. xv. den. m. vii. solid. Medietas hui tre. e in foresta regis

.XXVIII. TERRA MILONIS CRISPIN.

Milo Crispin ten de rege Wodetone. Leuenod tenuit T.R.E. 7 geldb p. xii. hid. Tra. e. xii. car. De ea st in dnio. vi. hide. 7 ibi. iii. car. 7 v. serui. 7 xi. uitti 7 xiiii. bord cu. vi. car. Ibi molin redd. xxx. denar. 7 xxiiii. ac pa. 7 xxxiii. ac pasture. Silua. ii. leu lg. 7 una leu lat. In Malmesbie una dom redd. xiii. den. Valuit. x. lib. Modo. ix. lib.

Rainald ten de. M. Cilletone. Herald com tenuit T.R.E. 7 geldb p. x. hid. Tra. e. xii. car. De ea st in dnio. vi. hide 7 dimid. 7 ibi. ii. car. 7 ii. serui. 7 vii. uitti 7 x. coscet. cu. v. car. Ibi. ii. molini redd. xl. sol. 7 pasu. ii. qx lg. 7 una qx lat. 7 tntd pasture. Silua. i. leu lg. 7 ii. qx lat. Valuit. xii. lib. modo. x. lib.

Hunfrid ten de. M. Clive. Herald tenuit T.R.E. 7 geldb p. v. hid. Tra. e. ii. car. De ea st in dnio. iii. hide 7 dim. 7 ibi. i. car. cu. i. seruo. Ibi. iii. uitti 7 iiii. bord. 7 i. cotar cu dim car. Ibi. xx. ac pa. 7 xii. ac pasture. Valuit. xxx. sol. modo. l. solid.

In ead Clive ten Milo. i. hid. Tra dim car. Val. vi. sol. Qui teneb T.R.E. poterat ire ad que dnm uoleb.

Turchetil ten de. M. Litlecote. Godric tenuit T.R.E. 7 p una hida 7 una v geldb. Tra. e dim car. q ibi. e cu. i. bord. Ibi. iii. ac pa. 7 totid pasture. 7 totid spinet. Valet. x. solid.

Rainald ten de. M. in Walecote. ii. hid 7 dimid. Alnod tenuit T.R.E. 7 ibid. iii. virg tre. qs tenuit Leuenot T.R.E. Tot valet. xxiii. solid.

Rainald ten de. M. Dracote. Leuenot tenuit T.R.E. 7 geldb p. x. hid. Tra. e. vi. car. De ea st in dnio. v. hide. 7 ibi. ii. car. cu. i. seruo. 7 iiii. uitti. 7 vii. bord cu. iii. car. Ibi. xviii. ac pa. 7 xl. ac pasture. Valuit 7 ual. c. sol.

Hunfrid ten de. M. Brenchewrde. Tochi tenuit T.R.E. 7 geldb p. v. hid. Tra. e. iii. car. De ea st in dnio. iiii. hide. 7 ibi. i. car. Ibi. viii. bord 7 viii. coscez cu. i. car. Ibi. xxiiii. ac pa. 7 iii. ac pasture. Silua iii. qx lg. 7 tntd lat. Valuit 7 ual. l. solid. Iste Tochi poterat ire quo uoleb.

Rainold ten de. M. Redborne. Wigot tenuit T.R.E. 7 geldb p. v. hid. Tra. e. iiii. car. De ea st in dnio. ii. hide   Ibi. iii. uitti 7 v. bord 7 i. seru cu. iii. car. Pasu. vi. qx lg. 7 ii. qx lat. Pastura. ii. qx lg. 7 tntd lat. Valuit. c. solid. modo. iiii. lib.

Vn Siuuard tain ten de. M. Chegeslaue. Duo taini tenuer T.R.E. 7 geldb p. i. hida 7 una v 7 dim. Tra. e. vi. bou. qui ibi st arantes 7 i. cotar 7 uno seruo. Ibi. i. ac pa 7 una v 7 dim. 7 i. ac silue. Valuit 7 ual. x. solid. Qui teneb T.R.E. poterant ire quo uoleb.

Pret hanc tra ht durand dimid v tre qua teneb Siuuard T.R.E. hanc abstulit ei iniuste Amalric de Dreuues. ut dicunt taini scire.

Ipse Milo ten Ocheburne. Herald com tenuit T.R.E. 7 geldb p. x. hid. Tra. e. viii. car. De ea st in dnio. vi. hide. 7 ibi. iii. car. 7 iiii. serui. 7 xi. uitti 7 iii. bord cu. iii. car. Ibi molin redd. xxx. solid. 7 viii. ac pa. Pastura dimid leu lg. 7 tntd lat. Valuit 7 ual. xv. lib.

Rainald ten de. M. Manetune. Wigot tenuit T.R.E. 7 geldb p. iii. hid. Tra. e. iii. car. De ea. e in dnio. i. hida 7 ibi. i. car. 7 ii. serui. 7 v. uitti. 7 v. bord. cu. ii. car. Ibi. iiii. ac pa. 7 xl. ac pasture. 7 totid silue. Valuit 7 ual. iii. lib.

Rainald ten de. M. Haseberie. Leuenot tenuit T.R.E. 7 geldb p. v. hid. Tra. e. v. car. De ea. e in dnio. i. hida. 7 ibi. ii. car. 7 ii. serui. 7 v. uitti 7 xiii. coscez. 7 ii. cotar cu. iii. car. Ibi. ii. molini redd. xxxv. solid. 7 xxii. ac pa. 7 Silua. ii. qx lg. 7 una qx lat. Valuit 7 ual. vi. lib.

.XXIX. TERRA GISLEBERTI DE BRETEVILE.

Gislebert de Bretevile ten de rege Chesleberie. Edric tenuit T.R.E. 7 geldb p. v. hid. Tra. e. ix. car. In dnio st. iiii. car. 7 vii. serui. 7 xii. uitti 7 iii. bord. 7 xiiii. coscez cu. v. car. Ibi. ii. molini redd. xx. solid. 7 xv. ac pa. 7 xl. ac silue. Pastura. xv. qx lg. 7 iii. qx lat. Valuit. viii. lib. modo. xii. lib.

Ide. G. ten in Bechenhalle. v. hid. Hacun tenuit T.R.E. Tra. e. ii. car. De ea st in dnio. iiii. hide. 7 ibi. i. car. 7 iiii. serui. 7 i. uitts 7 iii. bord cu. i. car. Ibi. x. ac pa. 7 xii. ac pasture. 7 iiii. ac silue. Valuit. xl. sol. modo. l. sol.

In ead uilla. ii. hid una v min tenuit Toli T.R.E. Tra. vi. bou. Ibi ht Gislebt un uittm. Valet. xviii. solid.

In ead uilla. iii. hid 7 una v tre teneb Saul 7 Aluuin T.R.E. Tra. e. x. bou. Ibi ht Gislebt. ii. uittos. 7 iiii. acs pa. 7 vi. acs pasture. Valb xx. sol. m. xxvii. sol.

Ipse. G. ten Clive. Aluric 7 Burgel 7 Godeue tenuer T.R.E. 7 geldb p. xvi. hid una v min. Tra. e. vii. car. De ead tra ht Ansfrid. xi. hid de Gislebto. 7 ibi iii. car in dnio. 7 vii. seruos. 7 iii. uittos. 7 ii. bord. 7 x. coscez cu. ii. car 7 dimid. Ibi molin redd. v. sol. 7 l. ac pa. 7 lxx. ac pasture. 7 xviii. ac silue. De his. xi. hid est una in Tornelle. q iacet in Clive. T.R.E.

Ibi in Clive sunt .ii. bord 7 .ii. servi. 7 xvi. ac pti. 7 xvii. ac pasture sub Gisleberto
hoc valet .xxv. sol. Quod Ansfrid ten: valet .vi. lib.

Turstin ten de .G. MORTUNE. Vlgar tenuit T.R.E. 7 geldb p .iii. hid
una v min. Tra .e. .ii. car. De ea st in dnio .i. hida 7 una v tre. 7 ibi .i. car
7 .ii. uitti 7 .iiii. bord cu .ii. car. Ibi .xx. ac pti. 7 qt .xx. ac pasture.
Valuit 7 ual .xl. solid.

Ipse .G. ten HENTONE. Vlgar tenuit T.R.E. 7 geldb p .xi. hid 7 una v.
Tra .e. .v. car. De ea st in dnio .ix. hide 7 una v tre. 7 ibi .ii. car. 7 .iiii.
uitti 7 .v. bord cu .ii. car. Ibi .xvi. ac pti. 7 .xxx. ac pasture. Valuit .c. sol.

Ansfrid ten de .G. BACHENTUNE. Edric tenuit T.R.E. [h] modo .vii. lib.
7 geldb p .ii. hid. Tra .e. .iii. car. De ea .e. in dnio .i. hida. 7 ibi .ii. car.
7 .iii. uitti 7 .vii. bord 7 .iii. cotar cu .ii. car. Ibi .viii. ac pti. 7 .xl. ac pasture.
Valuit 7 ual .vi. lib.

Ansfrid ten de .G. STANERE. Bruning tenuit T.R.E. 7 geldb p .ii.
hid 7 dim. Tra .e. .ii. car. De ea st in dnio .ii. hide. 7 ibi .i. car. 7 .ii. servi.
7 .un. uitts 7 .iii. bord .cu dimid car. Valuit .xx. solid. modo .xl. sol.

·XXX· TERRA DURANDI DE GLOWECESTRE.

DURANDUS De GLOWECESTRE ten de rege CERITONE. Almarus
tenuit T.R.E. 7 geldb p .x. hid. Tra .e. .v. car. De ea st in dnio .vii.
hide. cu .i. car 7 dim. 7 .vii. uitti 7 .x. bord cu .ii. car. Ibi molin redd
.x. solid. 7 .xxx. ac pti. pastura dimid leu lg. 7 .iii. qx lat.
Valuit .xi. lib. modo .x. lib.

Rogeri ten de .D. LOCHEHA. Dodo tenuit T.R.E. de eccta Malmes
beriensi. 7 n poterat ab ea separari. 7 geldb p .v. hid. Tra .e.
In dnio .e. dimid. 7 ibi .ii. car. cu .i. servo. 7 .vii. uitti 7 .ii. bord
cu .ii. car. Ibi molin redd .l. denar. 7 .xii. ac pti. 7 .iiii. ac pasture.
7 .ii. ac silue. Valuit .xl. solid. modo .iiii. lib.

Ide ten in VESCOTE .i. hid 7 dimid. Tra .e. .i. car. h est in dnio. Valuit
7 ual .xv. sol. Almar tenuit T.R.E.

Ipse .D. ten SEGRETE. Duo taini tenuer T.R.E. 7 geldb p .v. hid.
Tra .e. .iiii. car. De ea st in dnio .ii. hide. 7 ibi .i. car. 7 .iii. uitti 7 .ii. bord
cu .iii. car. Ibi .xl. ac pti. Valuit .xl. sol. modo .l. solid. Duo milites
ten de Durando. Qui tenet T.R.E. poterant ire quo uoleb.

Ipse .D. ten ESSELIE. Eldred tenuit T.R.E. 7 geldb p .v. hid una v
min. Tra .e. .iiii. car. De his st in dnio .iii. hide. 7 ibi .ii. car. 7 .iii. servi.
7 .v. uitti 7 .iii. bord cu .ii. car. 7 .ii. cotar. Ibi .v. ac pti. 7 .v. ac silue.
Valuit 7 ual .iiii. lib. Vna v tre in ipsa uilla calumniat un miles milon crispin.

Ipse .D. ten LOCHERIGE. Elmar tenuit T.R.E. 7 redd geld p .ii. hid.
Tra .e. .i. car. De hac .e. in dnio .i. hida. Ibi .i. uitts. 7 .ii. bord cu .i. servo.
7 una ac pti. 7 .xii. ac pasture. 7 .vi. ac silue. Valuit .xl. sol. m .xxx. sol.

Herman ten de .D. LOCHINTONE. Herald com tenuit T.R.E. 7 geldb
p .iiii. hid. Tra .e. .v. car. De ea st in dnio .ii. hide. 7 ibi .ii. car. cu .i. servo.
7 .vi. uitti 7 .viii. bord cu .ii. car. Ibi molin redd .v. solid. 7 .x. ac pti.
7 .viii. ac pasture 7 .iiii. ac silue. Valuit .c. solid. modo .iiii. lib.

·XXXI· TERRA WALTERII GIFARD.

WALTERIUS GIFARD ten de rege BRADELIE. Tosti com tenuit T.R.E.
7 p .x. hid se defend. Tra .e. .x. car. De ea st in dnio .iiii. hide.
7 ibi .ii. car. 7 .iiii. servi. 7 .vi. uitti 7 .xiii. bord cu .vi. car. Ibi .ii. mo
lini redd .xii. solid 7 .vi. den. 7 .x. ac pti. pastura dimid leu lg.
7 .ii. qx lat. Silua .i. leu lg. 7 una lat. Valuit .xii. lib. modo .x. lib.

·XXXII· TERRA WILLELMI DE OW.

WILLELMUS De OW ten de rege DARNEFORD. T.R.E. geldb p .xvi.
hid. Tra .e. .xiiii. car. De ea st in dnio .iiii. hide. 7 ibi .ii. car.
7 .ii. servi. 7 .xxvi. uitti 7 .xxvii. bord cu .xii. car. Ibi .iii. molini redd
.xxiiii. solid 7 .vi. den. 7 .xxx. ac pti. pastura .x. qx lg. 7 .ii. qx lat.
Silua .iii. qx lg. 7 .ii. qx lat. In Wiltone .iii. dom redd .iii. solid.
Valuit 7 ual .xxiiii. lib.

Witts de Aldrie ten de .W. LITELTONE. T.R.E. geldb p .vi. hid
7 una v tre. Tra .e. .vi. car. In dnio st .ii. car. cu .i. servo. 7 .iii. uitti
7 .xxi. bord cu .iii. car. Ibi .ii. molini redd .xxx. sol. 7 .xii. ac pti.
pastura .x. qx lg. 7 .ii. qx lat. Valuit .x. lib. modo .viii. lib.

Haec tra fuit T.R.E. tainlande aecclae Sarisberie. Alestan de boscume tenuit.

Ide .W. ten de .W. CONTONE. T.R.E. geldb p .vi. hid.
Tra .e. .iiii. car. In dnio st .ii. car. 7 .v. servi. 7 .iii. uitti
7 .xi. bord cu .ii. car. Ibi tcia pars .ii. molinoz redd
.x. solid. 7 .xxiiii. ac pti. 7 .x. ac pasture. 7 tantd silue.
Valuit 7 ual. .c. solid.

Witts de Mara ten de .W. BRUNLESBROC. T.R.E. geldb p .ii. hid
7 dimid. Tra .e. .ii. car. De ea .e. in dnio .i. hida 7 dim. 7 ibi .ii. car.
7 .ii. servi. 7 .i. uitts 7 .viii. bord. Valuit 7 ual .xxx. solid.

Hugo ten de .W. CERLETONE. T.R.E. geldb p .v. hid. Tra .e.
.vii. car. De ea st in dnio .iiii. hide 7 dim. 7 ibi .i. car. 7 .ii. uitti
7 .vii. bord cu dimid car. Ibi .ii. molini redd .viii. sol. 7 .iiii. den.
7 .xv. ac pti. pastura .iiii. qx lg. 7 una qx lat. Silua .vi. qx
lg. 7 .iii. qx lat. Valuit 7 ual .c. solid.

Ide .H. ten de .W. GRAFTONE. T.R.E. geldb p una .h. Tra .e.
.i. car 7 dim. Ibi st .iii. bord. pastura .ii. qx lg. 7 una qx lat.
Valuit .lx. solid. modo .xl. solid.

Eduuard ten de .W. BOSCUBE. T.R.E. geldb p .vii. hid.
Tra .e. .iiii. car. De ea st in dnio .iiii. hide 7 dim. 7 ibi .ii. car.
7 ibi .ii. servi. 7 .iii. uitti 7 .iiii. coscez. cu .i. car 7 dim. Ibi
.vi. ac pti. pastura .xii. qx lg. 7 tantd lat. Valet .x. lib.

Bernard ten CELDRETONE. T.R.E. geld p .iii. hid 7 dimid
.iii. acris min. Tra .e. .ii. car. De ea st in dnio .iii. hide 7 ibi
.ii. car. 7 .ii. servi. 7 .v. bord. 7 .ii. coscez. Ibi pastura .vi. qx lg.
7 .v. qx lat. Valuit .c. solid. modo .ix. lib.

Radulf ten de .W. ADELMERTONE. T.R.E. geldb p .ix. hid.
Tra .e. .viii. car. De ea st in dnio .iii. hide. 7 ibi .ii. car. 7 .vii.
uitti 7 .x. bord cu .vi. car. Ibi molin redd .vii. sol. 7 .l. ac pti.
7 .xl. ac pasture. Valuit 7 ual .vii. lib.

Bernard ten de .W. COLEFORD. T.R.E. geldb p .i. hida 7 dim.
Tra .e. .ii. car. De ea in dnio .i. hida 7 ibi .i. car. cu .i. servo. 7 .ii.
coscez cu .i. car. Ibi .x. ac pti. 7 qrta pars molini redd .iii. sol.
pastura .iiii. qx lg. 7 .ii. qx lat. Valuit .iiii. lib. modo .iii. lib.

Warner ten de .W. DIGERIC. T.R.E. geldb p .i. hida 7 .iii. v tre.
Tra .e. .i. car. quae ibi .e. in dnio. 7 .ii. uitti 7 .iii. coscez. Ibi dimid
molin redd .v. solid. 7 .vii. ac pti. 7 .xv. ac pasture. 7 .xvii.
ac silue minute. Valet .xxx. sol. De hac tra .i. hid praestitit
Alestano quidam abb Malmesbiensis.

Radulf ten de .W. LICHIAT. T.R.E. geldb p .vii. hid 7 dim.
Tra .e. .x. car. De ea in dnio .e. .i. hida 7 dim. 7 ibi .ii. car.
7 .ii. servi. 7 .x. uitti 7 .iii. bord 7 .xxiiii. coscez cu .viii. car.
Ibi .ii. molini redd .xxx. sol. 7 .xv. ac pti. Silua .i. leu lg. 7 tantd
lat. Valuit .vi. lib. modo similit.

Witts ten de .W. SEVAMENTONE. T.R.E. geldb p .x. hid.
Tra .e. .vii. car. De ea st in dnio .iiii. hide 7 ibi .ii. car. 7 .x. uitti
7 .v. bord cu .v. car. Ibi .xx. ac pti. Silua .ii. qx lg. 7 una
qx lat. Valuit .vi. lib. modo .vii. lib.

Vn anglic ten de .W. GRETONE. T.R.E. geldb p uni v tre.
Tra .e. dim car. quae ibi .e. Redd .v. solid.

Has omis pscriptas tras Witti de Ow. tenuit Alestan de Boscube.

Hugo ten de .W. SOPEWORDE. Aluric tenuit T.R.E. 7 geldb
p .v. hid. Tra .e. .vi. car. De ea st in dnio .ii. hide 7 dimid.
7 ibi .ii. car. 7 .vi. servi. 7 .ii. uitti 7 .v. bord cu .iii. car.
Valuit .vi. lib. modo .iiii. lib.

Ide .W. ten TOLLARD. Toli tenuit T.R.E. p uno m. 7 geldb p .i.
hida. Tra .e. .i. car. Ibi st coscez. 7 .v. ac pti. 7 una quent
silue. Valuit 7 ual .xx. solid.

Ansfrid ten de .W. OFFETONE. Toli tenuit T.R.E. 7 geldb
p .iii. hid. Tra .e. .ii. car 7 dim. De ea st in dnio .ii. hide.
7 ibi .i. car. 7 .ii. uitti 7 .v. bord cu .i. car. Ibi molin redd .v. sol.
7 .iiii. ac pti. Silua .ii. qx lg. 7 una qx lat. 7 .xx. ac pasture.
Valuit .xx. sol. modo .lx. solid.

Dimid hida n reddid geld postq .W. rex uenit in Anglia.
7 Hernulf de Hesding ten iniuste dimid hid in ipsa uilla.

.XXXIII. TERRA WILLI DE BRAIOSE.

WILLS De BRAIOSE ten de rege ESSAGE. Aluuin tenuit T.R.E. 7 geldb p. ii. hid 7 una v tre 7 dimidia. Tra e. i. car 7 dimid. De ea st in dnio. ii. hide. Ibi. i. uills 7 ii. bord cu dimid car. Ibi. xl. ac pasture. 7 Silua. i. leu lg. 7 iii. qx lat. Valuit. x. solid. Modo. xx. solid. Robt ten de Willo.

.XXXIIII. TERRA WILLI DE MOIUN.

WILLS De MOIUN ten de rege. SUTONE. 7 Walter de eo. Colo tenuit T.R.E. 7 geldb p. v. hid. Tra e. iiii. car. De ea st in dnio. iii. hide 7 una v tre. 7 ibi. ii. car. 7 iii. serui. 7 iii. uilli 7 vi. bord. cu. ii. car. Ibi molin redd. iiii. solid. 7 iiii. ac pa. 7 ii. ac silue. Pastura dimid leu lg. 7 una lat. Valuit. iiii. lib. Modo. c. solid.

.XXXV. TERRA WILLI DE FALEISE.

WILLS de faleise ten de rege dimid hid in STANINGES 7 Aluuard de eo. Tra e dimid car. 7 ibi. e. 7 iii. ac pa. Valuit. xx. solid. Modo redd. x. solid. Leuing tenuit T.R.E.

.XXXVI. TERRA WALSCINI DE DOWAI.

WALSCINUS De DOWAI ten de rege CELDEWELLE 7 Godescal de eo. Alsi tenuit T.R.E. 7 geldb p. v. hid. Tra e iii. car. De ea st in dnio. iii. hide 7 iii. v tre. 7 ibi. i. car. cu. i. seruo. 7 i. uillo 7 vi. bord cu dim car. Ibi. x. ac pa. 7 vii. ac pasture. 7 viii. ac silue. Valuit 7 ual. iii. lib.

Radulf ten de. W. STORGETONE. Aluuacre tenuit T.R.E. 7 geldb p. viii. hid. Tra e. vi. car. De ea st in dnio. v. hide 7 ibi. ii. car. cu. i. seruo. 7 vi. uilli 7 xiii. coscez 7 viii. cotar cu. iiii. car. Ibi. ii. molini redd. xx. denar. 7 lx. ac pasture. Silua. i. leu lg. 7 una lat. Valuit. iiii. lib. m. vii. lib.

.XXXVII. TERRA WALERAN VENATORIS.

WALERANNUS ten de rege COTEFORD. Erlebald tenuit T.R.E. 7 geldb p. vi. hid. Tra e. vi. car. De ea st in dnio iii. hide. 7 ibi. ii. car. 7 iii. serui. 7 vii. uilli 7 vi. bord cu. iiii. car. Ibi molin redd. x. sol. 7 x. ac pa. Pastura dim leu lg. 7 v. qx lat. Valuit x. lib. Modo. xii. lib.

Walter ten de. W. ANESTIGE. Aluuric 7 Vluuard tenb T.R.E. 7 geldb p. vii. hid. Tra e. iiii. car. De ea st in dnio v. hide. 7 una v tre. 7 ibi. ii. car. 7 ii. serui. 7 vi. uilli 7 iiii. bord cu. ii. car. Ibi molin redd. v. sol. 7 xvi. ac pa. 7 xv. ac silue. Pastura dim leu lg. 7 iii. qx lat. Valuit 7 ual. c. sol.

Azelin ten de. W. BOTERMARE. Octo taini tenuer T.R.E. 7 geldb p. i. hida 7 una v tre. Tra e. ii. car. Valet. xx. solid.

Ipse. W. ten. i. hida in STANINGES. Colo tenuit T.R.E. Tra e dimid car. Ibi st. vi. ac pa. Valuit. v. sol. Modo. x. sol.

Ricard ten de. W. CHENETE. Leuedai tenuit T.R.E. 7 geldb p una hida 7 dim. 7 una v tre. Tra e. i. car. q ibi. e cu. i. seruo. 7 ii. bord. 7 una ac pa. 7 iiii. ac pasture. Valuit 7 ual. xx. sol.

Azelin ten de. W. STANLEGE. Sedeuuin tenuit T.R.E. 7 geldb p una hida 7 iii. v tre. Tra e. i. car. Ibi st. iii. uilli 7 iii. bord. 7 x. ac pa. Valuit. xv. sol. m. xxx. sol.

Ipse Waler ten LANGEFORD. Osulf tenuit T.R.E. 7 geldb p. x. hid. Tra e. v. car. De ea st in dnio. v. hide. 7 ibi. ii. car. 7 v. serui. 7 viii. uilli 7 iiii. bord. cu. iii. car. Ibi molin redd. xv. sol. 7 xxx. ac pa. Pastura dim leu lg. 7 ii. qx lat. Valuit 7 ual. x. lib.

Erenburgis ten de. W. LANGEFORD. Norman tenuit T.R.E. 7 geldb p. v. hid. Tra e. ii. car. De ea st in dnio. iiii. hide. 7 ibi. i. car. cu. i. seruo. 7 i. uillo. 7 v. bord cu dim car. Ibi dimid molin redd. xxx. den. 7 xx. ac pa. Pastura. iiii. qx lg. 7 una qx lat. Valuit 7 ual. c. solid.

Engenold ten de. W. dimid hid in BERRFORD. 7 p tanto geld T.R.E. Bolle tenuit. Tra e dim car. Ibi st. ii. bord. 7 iii. ac pa. Valuit 7 ual. vii. solid.

Robt ten de. W. in WERFORD. iii. v tre. 7 p tanto geldb T.R.E. Bolle tenuit. Tra e dimid car. Ibi st. ii. bord. 7 iiii. ac pa. Valuit 7 ual. x. solid.

Herbt ten de. W. BREMESTEDE. Agemund tenuit T.R.E. 7 geldb p. iii. hid. Tra e. iii. car. De ea. e in dnio. i. hida 7 dim. 7 ibi. i. car. 7 ii. serui. 7 v. uilli. 7 vii. coscez cu. iii. car. Ibi. x. ac pa. Silua. v. qx lg. 7 ii. qx lat. Valuit 7 ual. lx. solid.

Engenulf ten de. W. WATEDENE. Bolle tenuit T.R.E. 7 geldb p. ii. hid. Tra e. i. car 7 dim. De ea in dnio. e hida 7 dim. 7 ibi. i. car. 7 iiii. coscez cu dimid car. Ibi. vii. ac pa. Silue. ii. qx lg. 7 dim qx lat. Valuit. xv. sol. Modo. xxv. solid.

In WATEDENE ten. ii. milites. iii. v tre 7 dimid. 7 ii. ac min. T.R.E. teneb. iiii. taini. q poterant ire q uoleb. Tra e dimid car. q ibi. e cu. ii. coscez. 7 iiii. ac pa 7 dimid. Valet. xii. solid.

Engenulf ten de. W. una v tre in ALWARDBERIE 7 ibi ht. i. coscet. Valet. ii. solid. Bode tenuit T.R.E.

Ipse Waler ten DUENE. Godric tenuit T.R.E. 7 geldb p. ii. hid 7 una v tre. Tra e. iii. car. De ea. e in dnio. i. hida. 7 ibi car 7 dim. 7 ii. serui. 7 un uills 7 x. coscez cu car 7 dim. Ibi molin 7 dimid. redd. xvi. solid. 7 v. ac pa. Silua. i. qx int lg 7 lat. Valuit 7 ual. lx. solid.

In HERDICOTE ten dimid hid. Tra e dim car. Ibi ht dimid molin redd. vi. sol. Tot ualet. xx. solid. Ednod tenuit T.R.E.

.XXXVIII. TERRA WILLI FILII WIDONIS.

WILLS filius Widonis ten de rege SUTONE. Aluuold 7 soror ei tenuer T.R.E. 7 geldb p. viii. hid. Tra e. vi. car. De ea st in dnio. iiii. hide. 7 ibi. ii. car. 7 iiii. serui. 7 vi. uilli 7 viii. bord cu. iiii. car. Ibi. ii. partes molini redd. xiii. solid. 7 iiii. denar. 7 vi. ac pa. Pastura. i. leu lg. 7 ii. qx lat. 7 tntd silue. Valuit. viii. lib. Modo. x. lib.

.XXXIX. TERRA HENRICI DE FERIERES.

HENRICUS de fereres ten de rege STANDENE. Godric tenuit T.R.E. 7 geldb p. i. hida. Tra e. v. car. In dnio st. iiii. 7 iiii. serui. 7 viii. ac pa. 7 x. ac pasture 7 vi. ac silue. Valet. c. solid. Ibi. e silua fuit ad BEDUINE. T.R.E.

Ide ten CLIVE. Godric tenuit T.R.E. 7 geldb p. v. hid una v min. Tra e. iii. car. De ea st in dnio. iiii. hide 7 una v. 7 ibi. iii. car. 7 vi. serui. 7 v. bord. 7 xx. ac pa. 7 xii. ac pasture. Valuit 7 ual. iiii. lib.

.XL. TERRA com RICARDI FILII GISLEBERTI.

RICARD fili Gisleba ten de rege SUDTONE. 7 Berenger de eo. Vluuard tenuit T.R.E. 7 geldb p. x. hid. Tra e. vi. car. De ea st in dnia vii. hide. 7 ibi. iii. car. 7 v. serui. 7 vi. uilli 7 ix. bord cu. iii. car. Ibi molin redd. x. sol. 7 xii. ac pa. 7 iii. ac silue. Pastura. vi. qx lg. 7 iii. qx lat. 7 v. burgses redd. l. denar. Valuit 7 ual. vi. lib.

.XLI. TERRA RADULFI DE MORTEMER

RADULFUS de MORTEMER ten de rege HUILAVINTONE. com Herald tenuit. 7 geldb p. xx. hid. Tra e. xiiii. car. De ea st in dnio. xiiii. hide. 7 ibi. iiii. car. 7 viii. serui. 7 xix. uilli 7 viii. coscez cu. vi. car. Ibi. xii. ac pa. 7 x. ac pasture. 7 viii. ac silue. Valuit 7 ual. xii. lib.

Oidelard ten de Rad TOCHEHAM. In Malmesbie una dom redd. xii. den. Aluuin tenuit T.R.E. 7 geldb p. ii. hid 7 dimid. Tra e. iii. car. De ea st in dnio. ii. hide. 7 ibi. ii. car. cu. i. seruo. 7 i. uillo 7 iii. coscez cu dimid car. Ibi. xii. ac pa. 7 tntd pasture. 7 ii. ac silue. Valuit. xxx. solid. Modo. l. solid.

Eduuard ten de Rad BRADEFELDE. Brictuui 7 Eluui tenuer T.R.E. 7 geldb p. ii. hid 7 dimid. Tra e. ii. car. De ea. e in dnio. i. hida 7 dimid. 7 ibi. ii. car. 7 iii. uilli. 7 ii. coscez. 7 xii. ac pa. Valuit 7 ual. xxx. solid.

In HUUI. ten Rad. i. hid. 7 ibi ht. i. bord. 7 iiii. ac pa. Val. xx. sol. Toui emit ea T.R.E. de aecclia Malmesbiensi. Ad etate triu hoium. 7 infra hos. terminu poterat ire cu ea ad que uellet dnm.

Ipse Rad ten CLATFORD. Aluuin tenuit T.R.E. 7 geldb p. v. hid. Tra e. iiii. car. De ea st in dnio. iii. hide 7 ibi. ii. car. cu. i. seruo. 7 i. uillo. 7 xii. bord cu. i. car. Ibi molin redd. xx. sol. 7 v. ac pa. Pastura dim leu lg. 7 iii. qx lat. Silua dimid leu lg. 7 tntd lat. Valuit 7 ual. c. solid.

Ipse Rad ten LANGELEGE. Aluuin tenuit T.R.E. 7 geldb p. ii. hid. Tra e ii. car. In dnio. e. i. car. 7 ii. serui. 7 i. uills 7 iiii. bord. Ibi pastura. iii. qx lg. 7 ii. qx lat. Valuit. iii. lib. Modo. iiii. lib.

Ricard ten de Rad. SIRENDONE. Aluui tenuit T.R.E. 7 geldb p. v. hid. Tra. e. vi. car. De ea st in dnio. ii. hide 7 dimid. 7 ibi. ii. car. 7 iiii. serui. 7 xii. uitti 7 iii. bord cu. iiii. car. Ibi. vii. ac pa. Valuit 7 uat. vii. lib.

Rogeri ten de Rad. CHINTONE. Aluuin tenuit T.R.E. 7 geldb p. i. hida 7 dim. Tra. e. i. car. q ibi. e in dnio. cu. i. seruo. 7 ii. bord. Ibi molin redd. ii. solid. 7 iiii. ac pa. 7 vi. ac silue. Valuit. xx. solid. modo. xxx. solid.

Hic Aluuin tenet hanc tra de eccla Glastingeberie. 7 n poterat ab ea sepa rari. 7 inde seruiebat abbi.

Ricard ten de Rad. iii. hid in ALDRITONE. 7 Walter. i. hida. ten uide. Alric Goduin Algar 7 Godric tenuer in parag. T.R.E. 7 geldb p. iiii. hid. Tra. e. iiii. car. Ibi st. iiii. uitti 7 v. bord 7 ii. serui. 7 Molend de xxx vii. den 7 xxv. ac pa. In Malmesbie. i. burgsis redd. vii. den. Valuit 7 uat. lx. solid.

Eduuard ten de Rad. LOCHINTONE. Aluuard tenuit T.R.E. 7 geldb p. iii. hid. Tra. e. iiii. car. De ea st in dnio. ii. hide una v min. 7 ibi. ii. car. 7 ii. uitti 7 iiii. bord cu. ii. car. Ibi. viii. ac pa. 7 iiii. ac silue. Valuit 7 uat iii. lib.

xlii. TERRA ROBERTI FILII GIROLDI.

ROBERTUS fili Girold ten de rege WITEBERGE. Saulf tenuit T.R.E. 7 geldb p. x. hid. Tra. e. v. car. De ea st in dnio. vii. hide. 7 ibi. iiii. car. 7 v. serui. 7 v. uitti. 7 xi. cozez. cu. i. bord hnt. i. car. Ibi molin redd xii. solid. 7 vi. den. 7 l. ac pa. 7 l. ac pasture. 7 x. ac silue minute. Valuit. vii. lib. modo. x. lib. Gozelin ten de Robto.

Rainer ten de Robto HISTESBERIE. Vitel tenuit T.R.E. 7 geldb p. x. hid. Tra. e. v. car. De ea st in dnio. vi. hide. 7 ibi. ii. car. 7 ii. serui. 7 vii. uitti 7 ii. bord cu. i. car 7 dim. Ibi pastura. v. qx lg. 7 iii. qx lat. Silua dim leu lg. 7 iiii. qx lat. Valuit 7 uat. c. solid.

Rainer ten de Ro. HISTESBERGE. Aluuin tenuit T.R.E. 7 geldb p. ii. hid. Tra. e. ii. car. Ibi st. iii. bord cu. i. car. Pastura. ii. qx lg. 7 una qx 7 dim lat. Silua. ii. qx lg. 7 ii. qx lat. Valuit. xv. sol. modo. xxx. solid.

Robt ten BEDESDENE. Coolle tenuit T.R.E. 7 geldb p una v tre. Tra. e. i. car. q ibi. e. cu. i. uitto. 7 ii. bord. 7 iiii. seruis. 7 Pastura. ii. qx lg. 7 una lat.

Robt ten de Ro. BRISMARTONE. Brismar te nuit T.R.E. 7 geldb p. iiii. hid. Tra. e. ii. car. q ibi st in dnio. cu xi. bord. Ibi molin redd. xii. sol. 7 x. ac pa. Pastura. xii. qx lg. 7 iiii. qx lat. Valuit. x. sol. modo iiii. lib. Reddit. xxx. solid.

Ide Robt ten de Ro. WILDESTONE. Brismar tenuit T.R.E. 7 geldb p i hida 7 dimid. Tra. e. i. car. q ibi cu. ii. seruis. 7 iiii. coscez. Ibi molin redd. xviii. solid. 7 iiii. ac pa. Pastura. xii. qx lg. 7 una qx lat. Valuit. xx. sol. m. xxx. sol.

Hugo ten de Ro. WIFLESFORD. Tou tenuit T.R.E. 7 geldb p. i. hida. Tra. e. i. car. q ibi. e cu. i. uitto. 7 iii. coscez. Ibi molin redd. x. sol. 7 vi. ac pa. Pastura. ix. qx lg. 7 ii. qx lat. Valuit. xxx. sol. Valet. lx. solid.

Rainer ten de Ro. WITELETONE. Vitel tenuit T.R.E. 7 geldb p. x. hid. Tra. e. xii. car. De ea st in dnio. v. hide 7 un v tre. 7 ibi. iii. car. 7 vi. serui. 7 vi. uitti 7 xii. bord cu. iii. car. Ibi molin redd. xxii. sol. 7 vi. den. 7 iii. ac pa. Pastura. i. leu lg. 7 dim leu lat. Valuit 7 uat. xii. lib.

Hugo ten de R. SCAGE. Cudulf tenuit T.R.E. 7 geldb p. ii. hid. 7 una v 7 dimid. Tra. e. i. car. Ibi. e un uitts 7 ii. serui. 7 xx. ac pasture. Silua. i. leu lg. 7 una qx lat. Valuit xx. sol. modo. xl. sol.

Robt ten de R. EBLESBORNE. Aluuard 7 Eitheus tenuer T.R.E. p. ii. m. 7 geldb p. xiiii. hid. Tra. e. x. car. De ea st in dnio. x. hide. 7 ibi. vi. car. 7 iiii. serui. 7 xviii. uitti 7 vii. bord cu. iiii. car. Ibi. xiiii. ac pa. Pastura xiii. qx lg. 7 iiii. qx lat. Silua. ii. leu int lg. 7 lat. Valuit. xii. lib. m. xii. lib.

xliiii. TERRA ROBERTI FILII ROLF.

ROBERT fili Rolf ten in MORDONE. i. hid 7 una v tre. Vlgar tenuit T.R.E. 7 geldb p. v. virg tre. Tra. e. i. car. q ibi. e in dnio. cu. i. seruo 7 i. uitto. 7 x. ac pa. 7 xl. ac pasture. Valuit 7 uat. xx. solid.

Robt fili Rolf ten HANTONE. Vlgar tenuit T.R.E. 7 geldb p. ix. hid una v min. Tra. e. v. car. De ea st in dnio. vi. hide. 7 ibi. ii. car. cu. i. seruo. 7 v. uitti 7 vi. bord. Ibi. xii. ac pa. Pastura. i. qx lg. 7 tntd lat. Valuit 7 uat. vi. lib.

ROGERII DE CORCELLES.

xliii. ROGERIUS de Corcelle ten de rege HERETONE. Bondi tenuit T.R.E. 7 geldb p. x. hid. Tra. e. x. car. De ea st in dnio. v. hide 7 dimid. 7 ibi. iiii. car. 7 xvi. uitti 7 xii. bord 7 xiiii. cotar cu. vii. car. Ibi molin. xx. sol redd. 7 xii. ac pa. 7 x. ac silue. Pastura dim leu lg. 7 tntd lat. Valuit 7 uat. xxv. lib.

ROGERII DE BERCHELAI.

xlv. ROGERIUS de Berchelai ten de rege FOXELEGE. Aldret tenuit T.R.E. 7 geldb p. ii. hid. Tra. e. iiii. car. De ea st in dnio. i. hida. 7 ibi. ii. car. 7 iii. serui. 7 iiii. uitti 7 iii. coscez. cu. iii. car. Ibi molin. vii. sol 7 vi. den. 7 iiii. ac pa. 7 viii. ac pasture. 7 una dom in Malmesbie. Valuit 7 uat. xl. sol.

Ide Ro. ten. i. hid dimid v min de dnica firma de Cepeha. Eldret tenuit T.R.E.

Ipse Ro. ten ESTONE. Aluui tenuit T.R.E. 7 geldb p. iii. hid 7 dimid v min. Tra. e. iii. car. De ea st. ii. hide in dnio. 7 ibi. ii. car. 7 iiii. serui. 7 ii. uitti 7 iii. bord cu. i. car. Ibi molin redd. vi. sol. Valuit. xxx. solid. Modo. xl. solid. p prestu Edrici uicecom.

xlvi. BERNARD panceuolt ten FERSTESFELD. Goduin tenuit T.R.E. 7 geldb p una v tre 7 dimid. Tra. e dim car. Valet. v. solid.

TERRA BERENGER GIFARD.

xlvii. BERENGER gifard ten de rege FONTEL. Euing tenuit T.R.E. 7 geldb p. v. hid. Tra. e. vii. car. De ea. e in dnio. i. hida 7 ibi. iii. car. 7 iiii. serui. 7 vi. uitti 7 xvi. bord cu. iiii. car. Ibi molin redd. v. solid. 7 viii. ac pa. Pastura dim leu lg. 7 iii. qx lat. Silua. iiii. qx lg. 7 ii. qx lat. Valuit. c. sol. m vi. lib.

Ide ten. i. hid in BEREFORD. Herald com tenuit T.R.E. 7 p tanto geldb. Tra. e. i. car. Ibi st. vi. bord. 7 vi. ac pa. Valuit. lx. sol. modo. xx. solid.

xlviii. TERRA OSBERNI GIFARD.

OSBERN gifard ten de rege WINTREBURNE. Domne te nuit T.R.E. 7 geldb p. xi. hid. Tra. e. vi. car. De ea st in dnio. ix. hide. 7 ibi. iiii. car. 7 v. serui. 7 iiii. uitti 7 v. bord cu. ii. car. Ibi. vi. ac pa. 7 pastura. ix. qx lg. 7 vi. qx lat. Valuit. vii. lib. Modo. ix. lib.

Ide. O. ten. ii. hid in WINTREBURNE. Tra. e. i. car. Ibi. ii. ac pa. 7 iiii. ac pasture. Valuit. xxx. sol. m. xl. sol.

Ide. O. ten. iii. hid 7 dim in ORCESTONE. Vlmar 7 Aluuin tenuer T.R.E. Tra. e. ii. car. q ibi st in dnio. 7 iii. serui. Pastura dimid leu 7 xl. ac lg. 7 lat. Valuit xl. sol. m. l. sol.

Ipse. O. ten STANTONE. Bricoric tenuit T.R.E. 7 geldb p. xviii. hid. Ibi ht. ii. car in dnio. in ix. hid. 7 ibi. vii. serui. 7 ix uitti. 7 iiii. coscez cu. vi. car. Ibi. vi. ac pa. Pastura. i. leu lg. 7 i. lat. Silua. i. leu lg. 7 iii. qx lat. Valuit. ix. lib. modo. viii. lib.

Eccla S Stefani de Fonteneid ten de. O. ii. hid 7 una v tre in MIDELTONE. Domno tenuit T.R.E. 7 p tanto geldb. Tra. e. ii. car. q ibi st in dnio cu. i. seruo 7 ii. bord. Ibi. v. ac pa. 7 xx. ac pasture. 7 una ac silue. Valuit. xx. sol. modo. l. solid.

Ipse. O. ten COTEFORD. Aluric tenuit T.R.E. 7 geldb p un i hida 7 dim. Tra. e. ii. car. De ea. e in dnio. i. hida. 7 ibi. i. car 7 dim. 7 ii. serui. 7 vi. coscez 7 ii. cotar cu dim car. Ibi. iii. pars molini redd. iii. sol. 7 iii. obolos. 7 x. ac pa. Pastura. iiii. qx lg. 7 una qx lat. Valet. l. solid. modo. lx. solid.

Ipse. O. ten ORCHESTONE. Trasemund tenuit T.R.E. 7 geldb p. v. hid. Tra. e. iii. car. De ea st in dnio. iiii. hide. 7 ibi. ii. car. 7 iii. serui. 7 iiii. uitti 7 iii. coscez 7 v. cotar. cu. i. car 7 dimid. Ibi pastura. iii. qx lg. 7 una qx lat. Valuit. iiii. lib. modo. c. solid.

Ipse. O. ten DEUREL. Smail tenuit T.R.E. 7 geldb p. iii. hid. 7 dim v tre. Tra. e. iii. car. De ea st in dnio. ii. hide. 7 ibi. ii. car. cu. i. seruo. 7 ix. coscez 7 iii. bord. Ibi molin redd. xxx. den. 7 ii. ac pa. 7 pastura. ii. qx lg. 7 una qx lat. Silua dimid leu lg. 7 tntd lat. Valuit. xl. sol. modo. lx. sol.

Ipse. O. ten TEFONTONE. Dono tenuit T.R.E. 7 geldb p. x. hid. Tra. e. vi. car. De ea st in dnio. ix hide. 7 ibi. iii. car. 7 iiii. serui. 7 ii. uitti 7 iiii. coscez. 7 iii. bord cu. iii. car. Ibi. x. ac pa. Valuit. iiii. lib. modo. c. solid.

Ipse. O. ten SCARENTONE. Algar tenuit T.R.E. 7 geldb p. v. hid. Tra. e. ii. car 7 dim. De ea st in dnio. iiii. hide 7 dim. 7 ibi. ii. car. 7 v. serui. 7 ii. uitti cu dim car. Ibi dim molin redd. vii. sol. 7 vi. den. 7 vi. ac pa. 7 lx. ac pasture. 7 xl. ac silue. Valuit. iiii. lib. modo. c. solid.

Ipse. O. ten SCARENTONE. Smalo tenuit T.R.E. 7 geldb p. v. hid. Tra. e. ii. car 7 dim. De ea st in dnio. iiii. hide 7 dimid. 7 ibi. ii. car. 7 v. serui. 7 ii. uitti cu dim car. Ibi dim molin redd. vii. sol 7 vi. den. 7 vi. ac pa. 7 lx. ac pasture. 7 xl. ac silue. 7 in Wiltune. i. burgsis redd. iii. solid. Valuit. iiii. lib. modo. c. solid.

Gunduin ten de. O. DERFORD. Ednod tenuit T.R.E. 7 geldb p. ii. hid 7 dim. Tra. e. i. car. q ibi. e. cu. i. seruo. 7 i. bord. Ibi molin redd. iiii. sol. 7 iiii. ac pa. 7 x. ac pasture. Valuit. xxx. sol. modo. xl. solid. Hanc tra abstulit Goduin comes S Marie Wiltun. 7 tc ea recupauit Ednod.

TERRA DROGONIS FILII PONZ.

xlix. DROGO f. ponz ten de rege SEGRIE. Wiflet tenuit T.R.E. 7 geldb p. v. hid. Tra. e. iiii. car. De ea st in dnio. ii. hide.

ROGERIUS de laci. 7 Turstan fili Rolf 7 Wills leuric ten. i. hid in COLESELLE. Tres taini tenet T.R.E. Par somiu uat. iiii. lib.

7 ibi .i. car. 7 v. uitti 7 vi. bord. 7 v. coscez cu .i. car. Ibi .ii. molini redd. .xxii. sol. 7 iiii. denar. 7 xxx. ac pa. In Malmesbiu una dom redd. .ix. denar. Valuit .lx. sol. modo .lxx. sol.

Gislebt ten de drog. ESTONE. Osuuard tenuit T.R.E. 7 geldb p .v. hid. Tra .e .iii. car. De ea st in dnio .iiii. hide 7 ibi .ii. car. 7 ii. serui. 7 un uitts 7 iiii. bord 7 ii. coscez. Ibi .x. ac pa. Silua .ii. qz lg. 7 .ii. qz lat. Valuit .xl. solid. modo .l. solid.

Hugo ten de .D. ALDRINTONE. Edric tenuit T.R.E. 7 geldb p .iii. hid. Tra .e .iii. car. De ea st in dnio .ii. hide 7 iii. v tre. 7 ibi .i. car. cu .i. seruo. 7 ii. bord. De parte molini .xx. ii. denar. 7 xv. ac pa. Valuit 7 uat .lx. solid.

.L. TERRA HUGONIS LASNE.

Hugo Lasne ten .i. hid tre 7 iii. v de rege in SCALDEBORNE. Witts ten de eo. Vn tain tenuit de rege. 7 p tanto geldb. Tra .e .ii. car. Ibi .e un uitts 7 iii. coscez. cu .i. car. Ibi .i. arpenn pa. 7 ii. ac siluae. Valet .xxx. sol.

Herald ten de .h. WICHELESTOTE. Leuric tenuit T.R.E. 7 geldb p .v. hid. Tra .e .ii. car. De ea st in dnio .iii. hide 7 ibi .i. car. 7 dim. cu .i. seruo. 7 iii. uitti 7 vi. bord cu dim car. Ibi molin redd .v. sol. 7 xx v. ac pa. 7 xxx. ac pasture.

Ipse .h. ten in LIWE .ii. hid. Godeua tenuit p uno m. Tra .e .i. car. Ibi .e un coscet. 7 xii. ac pa. Valuit 7 uat .xl. sol.

Witts ten de .h. COTITONE. Dene tenuit T.R.E. 7 geldb p .vi. hid. Tra .e .iiii. car. De ea st in dnio .iii. hide. 7 ibi .i. car. 7 dim. 7 ii. serui. 7 iiii. bord cu dim car. Ibi molin redd .xx. solid. 7 .v. ac pa. pastura .iii. qz lg. 7 ii. qz lat. 7 tntd silue. Valuit .c. solid. modo .vi. lib. Valet .xii. sol.

Eccta S MARIE Wilton ten de .h. CHENETE. p filia ei. Honeuuin tenuit T.R.E. 7 geldb p .ii. hid una v min. Tra .e .i. car. q ibi .e in dnio cu .ii. bord. 7 una ac pa. 7 vi. ac pasture. Valuit .x. sol. modo .xx. solid.

.LI. HUNFRIDI CAMERARII.

Hunfrid camerar ten de rege SCHERNECOTE. Aluuard tenuit T.R.E. 7 geldb p .v. hid. Tra .e .iiii. car. De ea st in dnio .ii. hide 7 dim. 7 ibi .ii. car. 7 iii. serui. 7 viii. uitti cu .ii. car. Ibi .L. ac pa. 7 pastura .ii. qz lg. 7 una qz lat. Valuit .xl. solid. modo .lx. solid.

.LII. TERRA GUNFRIDI MALDOITH.

Gunfrid malduit ten de rege CALESTONE. Algar tenuit T.R.E. 7 geldb p .ii. hid una v tre. Tra .e .ii. car. De ea st in dnio .v. uirg tre. 7 ibi .ii. car. 7 iii. serui. 7 vi. bord cu dim car. Ibi molin redd .xv. sol. 7 viii. ac pa. pastura .ii. qz lg. 7 una qz lat. Valuit .xl. sol. m .l. sol.

Ide Gunf ten WITELIE. Appe tenuit T.R.E. 7 geldb p una hida. Tra .e .ii. car. q ibi st in dnio cu .i. seruo. 7 vi. bord. Ibi .viii. ac pa. Silua .iii. qz lg. 7 una qz lat. Valuit .xl. sol. modo .l. solid.

.LIII. TERRA ALUREDI ISPANIENSIS.

Aluredus de Ispania ten de rege ETESBERIE. Aluui tenuit T.R.E. 7 geldb p .v. hid. Tra .e .iiii. car. De ea st in dnio .iii. hide 7 dim. 7 ibi .ii. car. 7 iii. serui. 7 iii. bord. 7 un miles cu .i. car. Ibi .xx. ac pasture. Valuit .iii. lib. modo .iiii. lib.

.LV. AIULFI VICECOMITIS

Aiulfus uicecom ten de rege .v. hid in TOLLARD. 7 dimid hida. Quinq taini tenuer T.R.E. 7 p .v. hid 7 dim geldb. Tra .e .iiii. car. De ea st in dnio .iii. hide. 7 ibi .ii. car. 7 ii. serui. 7 iii. uitti. 7 xiiii. bord. Ibi .ii. arpenni uinee. 7 xx. ac pasture. 7 .iiii. ac silue. Valuit .iiii. lib. m .vi. lib.

Ide .A. ten dim hid in BERMENTONE. Tra .e dim car. Redd .xii. solid. Radulf tenuit T.R.E.

TERRA NIGELLI MEDICI.

.LVI. Nigellus medicus ten de rege STRATONE. T.R.E. geldb p .xxx. hid. Tra .e .xiiii. car. De ea st in dnio .v. hide. 7 ibi .iii. car. 7 ii. serui. 7 xxiiii. uitti 7 xxiiii. bord cu .xii. car. Ibi molin redd .ii. sol. 7 pa .viii. qz lg. 7 .v. qz lat. pastura .i. leu lg. 7 .v. qz lat. Valuit .xxiiii. lib. m .xxvi. lib.

Ide Nig ten CHESIGEBERIE. T.R.E. geldb p .viii. hid. Tra .e .v. car. De ea st in dnio .iiii. hid 7 dim. 7 ibi .ii. car. 7 dim. 7 ii. serui. 7 viii. uitti 7 xii. bord. cu .ii. car. Ibi molin redd .vii. sol. 7 dim. 7 xx. ac pa. 7 pastura .i. leu lg. 7 .v. qz lat. Valuit 7 uat .xii. lib.

Ide .N. ten .i. hid in PIGRAVRE. Durand de eo. Tra .e .i. car. Ibi st .ii. bord cu dim car. 7 vi. ac pa. pastura .iii. qz lg. 7 ii. qz lat. Valuit 7 uat .iii. lib. Hec .ii. mans ptin ad ecctam de Nigraure.

Ide .N. ten .iii. hid in SUDTONE. 7 p tanto geldb T.R.E. Tra .e .iii. car. S MARIA de Monteburg ten de Nig. De hac tra st in dnio .ii. hide. 7 ibi .i. car. 7 ii. serui. 7 v. uitti 7 v. bord cu .ii. car. Ibi tcia pars molini redd .vi. sol. 7 viii. den. 7 vi. ac pa. pastura dim leu lg. 7 .i. qz lat. Silua .i. leu lg. 7 .i. qz lat. Valuit .iiii. lib. modo .c. solid.

Hec .iii. m tenuit Spirtes pbr T.R.E.

Nigel ten dim hid in BEVRESBROC. 7 p tanto geldb T.R.E. Ibi hnt .i. uitts 7 un bord. 7 silua .i. qz lg. 7 dim qz lat. Valet .vii. solid.

Ide .N. ten HASEBERIE. T.R.E. geldb p una v tre. Tra .e .vi. bou. Ibi st .ii. bord. 7 vi. ac pa. pastura .iii. qz lg. 7 una qz lat. Valet .x. sol. Has .ii. tras tenuit Als pbr T.R.E.

.LVII. TERRA OSBERNI PRBI

Osbern pbr ten HUNTONE. Als tenuit T.R.E. 7 geldb p .ii. hid. Tra .e .i. car. Ibi st .ii. coscez. 7 iii. ac pa. 7 vi. ac pasture. Valet .xxx. solid.

.LVIII. TERRA RICARDI PUINGIANT.

Ricard puingiant ten de rege CALESTONE. Gunnar tenuit T.R.E. 7 geldb p .iiii. hid una v min. Tra .e .iiii. car. De ea st in dnio .ii. car. 7 una v. 7 ibi .ii. car. 7 ii. serui. 7 xvi. coscez. 7 iiii. bord cu .i. car. Ibi .ii. molini redd .xxxiii. solid. 7 vi. den. 7 xv. ac pa. 7 tntd pasture. Silua .iii. qz lg. 7 .ii. qz lat. 7 In Calne .ii. burgses redd .xx. den. Valuit .iiii. lib. modo .c. solid.

Ide .Ri. ten TROI. T.R.E. geldb p .vii. hid 7 dim. Tra .e .iiii. car. De ea st in dnio .v. hide. 7 ibi .iii. car. Ibi st .iii. uitti cu .i. car. 7 .ii. ac pa. pastura .iii. qz lg. 7 .iii. qz lat. Silua .vi. qz lg. 7 .iii. qz lat. Valuit .c. sol. m .viii. lib.

Hanc tra tenet S MARIA de Wiltune T.R.E. n potar ab ea separari.

.LIX. TERRA ROBERTI MARESCAL.

Robertus marescal ten de rege LAVENTONE. Eddid regina tenuit 7 geldb p .xv. hid. Tra .e .x. car. De ea st in dnio .vi. hide. 7 ibi .iiii. car. 7 vii. serui. 7 xiiii. uitti 7 xvii. bord cu .v. car. Ibi .ii. molini redd .xvi. solid. 7 iiii. den. 7 xx. ac pa. 7 xii. ac silue. pastura .i. leu lg. 7 tntd lat. Valuit 7 uat .xx. lib.

Ide .Ro. ten GARE. Osuuard tenuit T.R.E. 7 geldb p .iii. hid. Tra .e .iii. car. De ea st in dnio .ii. hide 7 ibi .ii. car. 7 vi. serui. 7 ii. uitti 7 .i. bord cu .i. car. 7 xl. ac pasture. Valuit .xxx. solid. modo .l. solid.

.LX. Robertus flauus ten de rege LAVENTONE. Achi tenuit T.R.E. 7 geldb p .x. hid. Tra .e .vii. car. De ea st in dnio .i. hida 7 una v. 7 ibi .i. car. Duo generi ei ten de eo .vii. hid 7 una v. 7 ibi hnt .v. car cu hoib. suis. Ibi molin redd .v. sol. 7 pastura .i. leu 7 dim lg. 7 .iiii. qz lat. Valuit .xv. lib. modo .xii. lib.

TERRA RICARDI STURMID.

.LXI. Ricard Sturmid ten de rege CUULESTONE. Aluric tenuit T.R.E. 7 geldb p .ii. hid. Tra .e .ii. car. De ea .e in dnio .i. hida. 7 ibi .i. car. 7 ii. uitti 7 iiii. coscez cu .ii. car. Ibi pastura .ii. qz lg. 7 una qz lat. 7 tntd silue. Valuit .xl. solid. modo .xxx. solid.

RAINALDI CANUT

.LXII. Rainald canut ten de rege .i. hid in CHIPEHA. Tochi tenuit T.R.E. Tra .e .i. car. Ibi .ii. bord hnt dim car. 7 .xx. ac pa. 7 dimid molin redd .xv. sol. Tot ualuit 7 ual .xx. solid.

TERRA MACI DE MORETANIA.

.LXIII. Maci de Moretania ten de rege WINTREBURNE. Vluuard tenuit T.R.E. 7 geldb p .iiii. hid. Tra .e .ii. car. De ea st in dnio .ii. hide. 7 ibi .i. car. cu .i. seruo. 7 .ii. uitti 7 iiii. bord cu .i. car. Ibi pastura .iii. qz lg. 7 tntd lat. Valuit .xl. sol. modo .lx. solid.

GOZELINI RIVEIRE.

.LXIIII. Gozelin Riueire ten de rege SELE. Almar tenuit T.R.E. 7 geldb p .ii. hid 7 dimid. Tra .e .ii. car. In dnio .e .i. car. 7 ii. serui. 7 v. uitti 7 .iii. coscez cu .ii. car. Ibi molin .xl. den redd. 7 vi. ac pa. Pastura .iii. qz lg. 7 .iii. qz lat. Silua dimid leu lg. 7 tntd lat. Valuit 7 uat .xxx. solid.

GODESCALLI.

.LXV. Godescal ten de rege WINTREBURNE. Aluui tenuit T.R.E. 7 geldb p .ii. hid. Tra .e .ii. car. In dnio .e .i. car. 7 iii. serui. 7 iii. bord. 7 v. coscez. Ibi dimid molin redd .iii. sol. 7 vi. den. 7 dimid ac pa. Silua .ii. qz lg. 7 una qz lat. Valuit .xxx. sol. modo .xl. solid. Valet .xii. sol.

Ide Go. ten dimid hid q Gudmund tenuit T.R.E. 7 p tanto geldb. Ibi .e .i. coscet.

.LXVI. Heraldus de Breteuil ten de rege ETONE. Edric tenuit T.R.E. 7 geldb p .ii. hid. Tra .e .ii. car. In dnio .e .i. car. 7 ii. bord 7 .v. coscez 7 .i. uitt cu .i. car. Ibi .ii. ac pa. Silua .ii. qz lg. 7 una qz lat. Valuit 7 uat .xxx. solid.

7 SERVIENT. REGIS.

TERRA HUGONIS FILII BALDRICI.

.LI. Hugo f. Baldrici ten MERESDENE. Walteri de eo. Wenesi tenuit T.R.E. 7 geldb p .x. hid. Tra .e .viii. car. In dnio st .ii. car. 7 iiii. serui. 7 x. uitti. 7 xiiii. coscez. 7 ii. bord cu .v. car. Ibi molin redd .vii. sol. 7 dimid. 7 xxiiii. ac pa. Pastura .iii. qz lg. 7 .ii. qz lat. In Wiltune .i. dom redd .x. denar. Valuit .viii. lib. modo .x. lib.

de Dreuues
Aluric ten de rege Manitord. Godric tenuit T.R.E. 7 geldb p. iii. hid 7 dimid. Tra. e. i. car 7 dim. Ibi st. iiii. bord. 7 tcia pars molini redd. L. denar. 7 xii. ac pti. pastura. iiij. qx lg. 7 una qx 7 dim lat. Valuit xxx. sol.

coqus
Ansgerus ten Helprintone. Tres taini parit tenuer T.R.E. 7 geldb p. iiii. hid 7 una v 7 vi. acris. Tra. e. iij. car. q ibi st in dnio. cu. i. seruo. 7 ix. coscez. Ibi. xii. ac pti 7 xx. ac pasture. Valuit. iiii. lib. Modo. x. solid min. modo. lx. sol.

Wills Corniole ten de rege Helprintone. Quattuor taini parit tenuer T.R.E. 7 geldb p. v. hid 7 una v tre. Tra. e. v. car. In dnio st. ii. car. 7 un uills cu. i. car. 7 xii. ac pti 7 xx. ac pasture. Reddit. xl. solid.

Fulchered ten. iii. v tre in Gelingeha. Algar tenuit T.R.E. Tra. e. ii. car. q ibi st. cu. i. bord. Valuit 7 val. xv. solid.

Stefan carpentari ten. i. hid 7 una v tre in Ardescote. Odo tenuit T.R.E. Tra. e. ii. car. q ibi st cu. i. seruo. 7 iii. uillis. 7 ii. bord. Ibi. xxx. ac pti. 7 viii. ac pasture. 7 In Crichelade un ortu redd. ii. denar. Valuit. xxx. sol. modo. lx. solid.

Ide Stefan ten. iii. hid. Achil tenuit T.R.E. Tra. e. i. car. q ibi. e cu. i. uillo. 7 iiii. bord. Ibi pastura dimid leu lg. 7 iii. qx lat. Valuit. xx. solid. modo. xl. solid.

Osmund ten. i. hida in Ponberie. Alnod tenuit T.R.E. Tra. e. i. car. q ibi. e in dnio. Valuit. v. sol. modo. x. solid.

·LXVII. TERRA ODONIS & ALIOR TAINOR REGIS.

Odo de Wincestre ten de rege Colecote. Ibi st. v. hide. T.R.E. geldb p dim hida. Tra. e. iii. car. De ea st in dnio. iiii. hide 7 dim. Ibi. i. uills 7 iiii. bord cu. i. seruo hnt. i. car. 7 lx. ac pti. In Crichelade iii. burgses redd. xxi. denar. Valet. iiij. lib.

Brictric ten de rege Covelestone T.R.E. geldb p. v. hid. Tra. e. iiij. car. In dnio st. ii. car. 7 vi. serui. 7 v. uitti 7 iii. bord cu. ii. car. Ibi molin redd. x. sol. 7 xxx. ac pti. 7 v. qrent pasture. Valet. c. solid.

Brictric ten. i. hid in Scalcliue. 7 una v tre 7 dimid. Tra. e. i. car. q ibi. e cu. ii. uillis. Valet. xv. solid.

Brictric ten. i. hid in Trole. Tra. e. i. car. q ibi. e cu. i. uillo. Valet x. solid.

Brictric ten Farlege. 7 fr ei de eo. T.R.E. geldb p. v. hid. Tra. e. iiij. car. In dnio. e. i. car. 7 iiii. serui. 7 v. uitti 7 iii. bord cu. iii. car. Ibi. xx. ac pasture 7 iii. ac silue. Valet. lxx. solid.

Brictric ten Wochesie. Pat ei tenuit T.R.E. 7 geldb p. x. hid. Tra. e. vi. car. In dnio st. ii. car 7 x. serui. 7 vi. uitti. 7 xii. coscez cu. iiij. car. Ibi molin. v. sol redd. 7 xl. ac pti. 7 xxx. ac pasture. Silua. i. leu lg. 7 dim leu lat. Valuit. viij. lib. modo. vi. lib.

Brictric ten Straburg. Pat ei tenuit T.R.E. 7 geldb p. x. hid. Tra. e. ix. car. In dnio st. ii. car. 7 vii. serui. 7 xi. uitti 7 vi. coscez cu. vii. car. Ibi molin. x. sol redd. 7 x. ac pti. 7 xii. ac pasture. Silua. v. qx lg. 7 iij. qx lat. Valuit. iiii. lib. modo. viij. lib.

Brictric ten Staurtone. Pat ei tenuit T.R.E. 7 geldb p. v. hid. Tra. e. iii. car. In dnio st. ii. car. 7 vii. serui. 7 iii. uitti 7 ii. coscez cu. i. car. Ibi molin redd. xx. sol. 7 xx. ac pti 7 xx. ac pasture. Valet. lxx. solid.

ch
Brictric ten Odestote. Pat ei tenuit T.R.E. 7 geldb p. xii. hid. Tra. e. vi. car. In dnio. e. i. car. 7 iii. serui. 7 ix. uitti. 7 xvi. coscez cu. ii. car 7 dim. Ibi molin redd. vii. sol 7 vi. denar. 7 xl. ac pti. pastura. i. leu lg. 7 iii. qx lat. 7 in alia parte. v. ac pasture. Silua iii. qx lg. 7 iii. qx lat. In Wiltune. i. burgsis redd. xii. denar.

Brictric 7 Aluui fr ei ten Colesfeld. T.R.E. geldb p. i. hida 7 dimid. Tra. e. i. car. q ibi. e cu. iii. coscez. Ibi. ii. qrent silue minute. Valet. x. solid. Valet. x. lib.

Aluuard ten. iii. hid in Poterne. T.R.E. geldb cu Maner epi. Tra. e. iii. car. In dnio. e una. 7 iii. uitti 7 iiij. bord cu. ii. car. Ibi iiii. qx lg. 7 iii. qx lat. Valet. lxx. sol. Epis Osmund calumniat.

Aluuard ten. i. hid in Tidulfhide. Tra. e. i. car. q ibi. e. 7 i. qrent pasture. Valet. xx. sol.

Aluuard ten Scaldeburne T.R.E. geldb p. iii. hid. dim v min. Tra. e. i. car 7 dimid. Villi tenent. Valet. xxx. solid.

colline
Aluuard ten Cunuche. T.R.E. geldb p. iiii. hid. Tra. e. iij. car. In dnio. e una car. 7 iii. serui. 7 iiii. uitti 7 iii. bord cu. ii. car. Ibi molin redd. xv. solid. 7 v. ac pti. Pastura dimid leu lg. 7 una qx lat. Valet. iiii. lib.

de Melchesa
Aluric ten de rege Wiulesford. Brismar tenuit T.R.E. 7 geldb p. v. hid. Tra. e. ii. car 7 dimid. que ibi st cu. x. bord. Ibi. viii. ac pti. pastura. v. qx lg. 7 una qx lat. Valuit. c. sol. modo. viii. solid. Eduuard ten in uadimonio.

Aluric ten Farlege. Brismar tenuit T.R.E. 7 geldb p. v. hid. Tra. e. iiij. car. In dnio. e. i. car. 7 iiii. serui. 7 v. uitti 7 iii. bord cu. iii. car. Ibi. xx. ac pasture. 7 iii. ac silue. Valet. lxx. solid.

Aluric ten Wadone. Ipse tenuit T.R.E. 7 geldb p. iii. hid. Tra. e. ii. car. In dnio. e una. 7 iii. serui. 7 iii. coscez. Ibi molin redd. v. solid. 7 viij. ac pti. Vna qx pasture in lg 7 lat.

paruus
Aluric ten. ii. v tre 7 dim in Tidulfhide. Tra. e dimid car. Valet. vii. sol 7 vi. denar. Valet. xx. sol.

Ide ten. i. hida in Helmerintone. Tra. e. i. car. 7 ibi hnt un seruu. Valet. xv. solid.

Ide ten. i. hid in Locheha. 7 p tanto geldb. Tra. e. i. car. Ibi. vi. ac pti. 7 vi. ac pasture. Valet. xiii. solid.

Ide ten. ii. hid una v min. quas. ii. taini tenuer T.R.E. Tra. e. vi. bou. Valet. xv. solid.

pbr
Alwinus ten Swaleford. T.R.E. geldb p. ii. v tre 7 dim. Tra. e dimid car. Ibi st. ii. coscez. 7 i. cotar. 7 pars molini redd. xv. denar. 7 iiij. ac pti. 7 iiii. ac pasture. Valet. xi. sol.

In ead uilla ten Aluuius. ii. v tre 7 dim. 7 p tanto geldb T.R.E. Tra. e dim car. Ibi st. ii. coscez. 7 pars molini. xv. den. 7 iiii. ac pti. 7 iiii. ac pasture. Valuit 7 val. viij. solid.

In ead uilla ten Eduuard dimid hid. Tra. e dimid car.

In ead uilla ten Saieua. ii. v tre 7 dim. Tra. e dim car. Ibi. e un coscet 7 i. cotar. Pars molini redd xv. den. 7 iiij. ac pti. 7 iiij. ac pasture. Valet. xi. solid. Valet. xl. den.

f. Turber
Aluui ten dimid hid in Stanenges. Tra. e dimid car. Ibi. iiii. ac pti. Valet. v. solid.

geldante
Alric ten dimid hid in Locheha. Tra. e dim car. Ibi. iii. ac pti. 7 iii. ac pasture. Valet. vii. solid.

Azor ten. ii. hid in Berrelege. Done tenuit T.R.E. Tra. e. iiij. car. In dnio st. ii. car. cu. i. bord 7 ii. uillis. Valuit 7 val. xl. sol.

Alestan ten dimid hid tre in Tidulfhide. Valet. v. solid.

Alsmar ten. ii. v tre 7 dimid in Tidulfhide. Valet. v. solid.

geldantem
Algar ten. i. hid in Locheha. Tra. e. i. car. Ibi hnt dim car. cu. i. bord. 7 vi. ac pti. 7 totid pasture. Valet. xiij. solid.

Aluied ten Sela. T.R.E. geldb p. ii. hid 7 dim. Tra. e. iij. car. In dnio. e. i. car. 7 iiii. serui. 7 viii. uitti 7 ix. bord cu. ii. car. Ibi molin redd. iij. solid 7 iiij. ac pti. 7 xl. ac pasture. Silua dimid leu lg. 7 dimid leu lat. Valet. xxx. solid.

Azor ten. i. hid in Corslie. Tra. e. i. car. q ibi. e in dnio cu. iiij. bord. Ibi molin redd. xl. denar. 7 Silua. i. qx lg. 7 dimid qx lat. Valet. xx. solid.

Aldred ten Blideltone. Ipse tenuit T.R.E. 7 geldb p. ij. hid. Tra. e. ii. car. Ibi. e. i. uills 7 iii. bord 7 iiij. ac pti. 7 molin redd. xij. sol 7 vi. denar. Valet. xl. solid.

Aldred ten Terstesfeld. Ipse tenuit T.R.E. 7 geldb p una hida. Tra. e. ii. car. Ibi. e. i. car cu. i. uillo 7 iij. coscez. Ibi pastura. i. qx lg. 7 una lat. Silua. ii. qx lg. 7 una qx lat.

Aldred ten Wintreburne. Goduin tenuit T.R.E. 7 geldb p. i. hida 7 dim. Tra. e. i. car. Ibi. e dim car cu uno uillo 7 i. bord. 7 pars molini redd. xxii. denar 7 obolu. pastura. ii. qx lg. 7 tant lat. Valet. xxx. solid. Valet. x. solid.

Cudulf ten Wintreburne. Ipse tenuit T.R.E. Ibi habt. vi. hid. Tra. e. iii. car. In dnio st. ii. car 7 v. serui. cu. i. uillo 7 ii. bord hnt. i. car. Ibi. iiij. ac pti. 7 dimid leu pasture. Valet. iii. lib.

Chetel ten. i. hid in Malmesberie. Goduin tenuit T.R.E. Tra. e. i. car. q ibi. e cu. ii. bord. Ibi. vi. ac pti. Pastura. iij. qx lg. 7 dimid qx lat. Valet. xx. solid.

Cheping ten Hasebberie. Ipse tenuit T.R.E. 7 geldb p una v tre. Tra. e. i. car. q ibi. e. 7 Silua. ii. qx lg. 7 una qx lat. Valet. vii solid.

Cola ten Grametstede. Pat ei tenuit T.R.E. 7 geldb p. i. hida 7 dim. Tra. e. i. car. Ibi st. iiii. uitti. Valet. xv. solid.

Aldred ten in Anestige. iij. hid. Tra. e. ii. car. que ibi st cu. i. seruo 7 i. uillo. 7 iij. bord. Ibi molin redd. xxv. den. 7 v. ac silue 7 v. ac pti. 7 ii. qx pasture. Val. xxx. sol.

Aldred ten in Wervetone. x. hid. Tra. e. iiii. car. q ibi st cu. v. seruis. 7 iii. uitt 7 iii. bord. Valuit 7 val. c. sol. Has. ii. tras tenuer Brienod 7 Aluuin T.R.E.

GRIMBALD aurifaber ten MANEFORD. Eduuard tenuit T.R.E. 7 geldb
p vi. hid 7 dimid. Tra. e. iiii. car. In dnio st. ii. car. 7 un uills.
7 x. coscez 7 ii. bord cu. i. car. Ibi. ii. partes molini redd. xii.
solid 7 vi. denar. 7 xx. ac pti. pastura. xii. qrent in lg 7 lat.
Valuit. c. solid. Modo. vi. lib.
Ide. G. ten STANTONE. Lange tenuit T.R.E. 7 geldb p x. hid.
Tra. e. vi. car. In dnio st. ii. car. 7 ii. serui. 7 iiii. uilli. 7 x.
coscez cu. iii. car. Ibi. iii. ac pti. Pastura. vi. qx lg. 7 iiii. lat.
GODRIC uenator ten una v tre in [illegible] geld. Tra. e dim car. Valet. xii. lib.
Ibi ht. i. coscet 7 dimid acm pti. Valet. v. solid.
GODRIC ten HERTHAM. Pat ei tenuit T.R.E. 7 geldb p iii. virg 7 dim.
Tra. e dim car. Ibi. ii. ac pti. 7 iii. ac pasture. Valet. x. solid.
GODUIN decn ten una v tre in HELPERITONE. Valet. ii. solid.
GODE ten. i. hid in STOTECOME. Ipsa tenuit T.R.E. Tra. e. iii. car.
In dnio. e. i. car. 7 ii. uilli 7 v. bord cu. ii. car. Ibi molin de xx.
solid. 7 L. ac silue. Valet. L. solid.
ERLECHING ten una v tre 7 dim in [illegible].
Tra. e. ii. bou. Valet. vii. solid 7 vi. denar. Valet. xx. solid.
EDRIC ten. i. hida in PEVESIE. Tra. e. i. car 7 dim. Valet. xx.
EDUIN ten CHISELEI. Ipse tenuit T.R.E. 7 geldb p una v tre
7 dimid. Tra. e dimid car. q ibi. e. Valet. iii. solid.
EDGAR pbr ten dimid hid in DEVREL. Algar tenuit T.R.E. 7 p tanto
geldb. Tra. e dim car. Ibi ht. ii. coscez. Pastura. iii. qx lg. 7 una lat. Valet. xii. sol.
EDRIC cecus ten HERTHAM. Ipse tenuit T.R.E. 7 geldb
p una v tre. Tra. e. ii. bou. qui ibi st. Valet. xxx. denar.
EDWARD ten WIDETONE. Pat ei tenuit T.R.E. 7 geldb p iii. hid.
Tra. e. iii. car. In dnio. e. i. car. 7 iiii. uilli 7 v. coscez 7 iii. bord
cu. i. car. Ibi molin redd. x. sol. 7 xx. ac pti. 7 iii. qx silue.
Valuit. iii. lib. Modo. iiii. lib.
EDMUND ten dimid v tre in BRAMESSAGE. Valet. xxx. den.
EDMUND ten PLEITEFORD. Algar tenuit T.R.E. 7 geldb p una
virg tre. Tra. e dim car. q ibi. e cu. ii. bord 7 ii. coscez.
Ibi molin redd. x. den. Silua. iii. qx lg. 7 una qx lat.
Ide. Ed. ten una v tre. in qua ht dimid car. 7 iiii. bord 7 ii.
cotar. He due tre simul ualent. xl. solid. 7 [illegible] den.
EDMUND filius Aiulf ten. i. hid in BREDFORD. Redd. xii. solid.
FILIUS Aiulf ten GRAMESTEDE. Pat ei tenuit T.R.E. 7 geldb
p una hida 7 dim. Tra. e. ii. car. In dnio. e. i. car. cu. i. uillo.
7 ii. coscez 7 ii. cotar. Ibi molin redd. x. sol. 7 xiiii. ac pti. 7 iiii.
qrent pasture. Silua qx iiii. lg. 7 iiii. qx lat. Valet. xl. solid.
HARDING ten de rege WINESTETONE. Ipse tenuit T.R.E. 7 geldb
p xi. hid. Tra. e. vi. car. In dnio st. ii. car. 7 vi. serui. 7 vii. uilli
7 vi. coscez cu. iii. car. Ibi molin redd. x. solid. 7 xx. ac pti.
Pastura. xii. qx lg. 7 iii. qx lat. Valet. xi. lib.
HARDING ten ASELDENE. Ipse tenuit T.R.E. 7 geldb p xi. hid
7 dimid. Tra. e. v. car. In dnio. e. i. car. 7 vi. serui. 7 vii. uilli
7 viii. bord cu. iiii. car. Ibi molin redd. xv. solid. 7 xx. iiii. ac pti.
Pastura. xii. qx lat. 7 iiii. qx lat. Valet. x. lib.
De hac tra habuit Albicus com. iiii. hid 7 dim. Modo ten rex.
HARDING ten OCHEBURNE. Ipse tenuit T.R.E. 7 geldb p v. hid.
Tra. e. iii. car. In dnio. e. i. car. cu. i. seruo. 7 iii. uilli 7 iiii. bord
cu. i. car. Ibi. ii. ac pti. pasture. ii. qx lg. 7 una qx lat. Valet
TURCHIL ten in CONTONE. Ipse tenuit T.R.E. 7 geldb. iiii. lib.
p vi. hid. Tra. e. iiii. car. In dnio. e. i. car. 7 iiii. serui. 7 v. uilli
7 x. coscez 7 iii. bord. cu. ii. car. Ibi tcia pars. ii. molinor
redd. x. solid. 7 xx iiii. ac pti. 7 x. ac pasture. 7 x. ac silue.
ULF ten. i. hid in BODEBERIE. Tra. e. i. car. Valet. c. solid.
Ibi st. iiii. bord 7 iii. serui. 7 iii. ac silue. Valet. x. solid.
ULURIC ten. i. hid 7 una v tre in SCALDEBURNE. Orduuold
tenuit T.R.E. 7 p tanto geldb. Tra. e. i. car. 7 dim. 7 ibi st
iii. bord. Valet. xx. solid.
ULURIC ten. iii. v tre in WINTRESLEI 7 una v tre in TUDERLEGE. Pat ei tenuit T.R.E. 7 p una hida geldb. Tra. e. i. car.
Hanc ht ibi. iiii. rustici. Silua. iii. qx lg. 7 una qx lat.
ULURIC ten. iii. hid 7 dim in VLFECOTE. Valet. xx. sol.
Pat ei tenuit T.R.E. Tra. e. i. car 7 dimid. Valet. xxx. solid.
ULURIC ten ASERA. Allic tenuit T.R.E. 7 geldb p una v tre
7 dimid. Tra. e dimid car. q ibi. e cu. iiii. bord. 7 dimid ac pti.
7 una ac pasture. Valet. vii. solid 7 vi. denar.

Valet. vii. sol.
ULURIC ten. i. hid 7 una v tre in SUINDONE. Tra. e dimid car.
ULURIC ten. i. hid in BREDFORD. Tra. e dim car. Val. xii. sol 7 vi. den.
ULURIC ten. i. hid in TRISTESTELD. 7 ibi ht. vi. bord. Valet. xx. sol.
ULURIC ten PORTONE. Pat ei tenuit T.R.E. 7 geldb p ii. hid.
Tra. e. ii. car. In dnio. e una car. cu. i. seruo. 7 ii. uilli 7 iii. coscez
cu. i. car. Ibi. vi. ac pti. 7 iii. qrent pasture. Valet. xl. solid.
ULWARD ten. iiii. hid in WINTRESLEI. Tra. e. iii. car. In dnio
e. una car. 7 ii. serui. 7 i. uills 7 ii. bord. Silua. iii. qx lg. 7 una qx lat.
ULWARD pbendari regis ten. ii. hid in SUINDONE. Valet. xl. solid.
Tra. e. vi. bou. Valet. xv. solid.
ULURIC Waula ten dimid hid in CLIVE. Tra. e dim car. Valet. iiii. solid.
ULNOD ten. i. hid in MERE. 7 p tanto geldb T.R.E. Tra. e. i. car. q ibi. e
cu. vi. cotar. 7 iiii. ac pti. 7 una ac pasture. Valet. xx. solid.
ULVIET uenator ten LANGEFORD. T.R.E. geldb p iiii. hid. Tra. e. ii. car.
In dnio. e. i. car. cu. i. seruo. 7 ii. uilli 7 vi. bord 7 iii. cotar.
Ibi molin redd. v. solid. 7 xx. ac pti. Pastura. v. qx lg. 7 ii. qx lat.
ULNOD ten dim hid in BRAMESSAGE. Valet. lx. solid.
Pat ei tenuit. Tra. e dim car. Valet. x. solid.
ULVIET ten dimid hid in MELEFORD. Tra. e. ii. bou. Valet. ii. sol.
Dimidia h tra. e in foresta.
WENESIU uxor ten TITICOME. Vir ei tenuit T.R.E. 7 geldb p ii. hid. Tra. e
iii. car. In dnio. e. i. car. cu. i. seruo. 7 ii. uilli 7 vi. bord cu. ii. car. Ibi molin redd. xv. sol. 7 iiii. ac silue. pastura. v. qx lg. 7 ii. qx lat. Valet. lxx. sol.
WADO ten. i. hid in BERREFORD. Ipse tenuit T.R.E. Tra. e. i. car q ibi. e
cu. i. bord. 7 vi. ac pti. Valet. xv. solid.
OSGOT ten dim hid in SCALDEBURNE. Tra. e dim car. Valet. v. solid.
ODOLINA ten. i. hid in MARTONE. Tra. e. i. car 7 dim. Ibi. xxx. ac int
pti 7 pastura. Valet. xl. solid.
SAULF geldans ten. i. hid in GATEFORD. Pat ei tenuit. Tra. e dim car. Valet. x. sol.
TURCHIL ten. ii. hid in OCHEBURNE. Pat ei tenuit. Tra. e. i. car.
Ibi. xxx. ac pasture. Valet. x. solid.
LEUIUE ten [illegible]. Vir ei tenuit T.R.E. 7 geldb p iii. hid 7 dimid.
Tra. e. ii. car. 7 dim. q ibi st cu. i. seruo. 7 iiii. uilli. 7 iiii. bord. Ibi molin
redd. xv. solid. 7 v. ac pti. Pastura dim leu lg. 7 una qx lat. Valet. iii. lib.
h Leuiede fecit 7 facit aurifrisiu regis 7 regine.
AILEUA ten HEORTHAM. Vir ei tenuit T.R.E. 7 geldb p i. v. Tra. e
dim car. q ibi. e. 7 una ac pti. Valet. iii. solid. Valet. iii. sol.
SAIEVA ten una v tre. geld. Aluuin tenuit T.R.E. Tra. e. ii. bob. Ibi. i. ac pti.
LISEMAN ten. iii. hid in WELCHESHA. Ipse tenuit T.R.E. 7 p tanto
geldb. Tra. e. ii. car 7 dim. In dnio. e. i. car. 7 iiii. uilli 7 ii. bord 7 ii. cotar
cu. i. car. Ibi. x. ac pti 7 v. ac pasture 7 v. ac silue. Valet. xxx. solid.
ELDILD ten. i. hid 7 vi. ac tre in HELPERINTONE. Vir ei tenuit T.R.E.
Tra. e. i. car. Ibi. e. i. bord 7 iiii. ac pti. Valet. viii. solid. 7 solid 7 vi den
OSWARD geld ten. i. hid in BRETFORD. Tra. e dim car. Pat ei tenuit. Valet. xii.
OTHO ten LANGEFORD. Pat ei tenuit T.R.E. 7 geldb p ii. hid. Tra. e. ii.
car. Ibi st. vi. bord 7 molin redd. xx. denar. Ibi pastura. i. leu lg. 7 dim
leu lat. Silua. iiii. qx lg. 7 iiii. qx lat. Valet. xx. solid.
SBERN ten una v tre in CRISTESTELD. Valet. xx. den.
SUAIN ten STAPLEFORD. Pat ei tenuit T.R.E. 7 geldb p x. hid 7 dim. Tra. e
x. car. In dnio st. ii. car. cu. i. seruo. 7 xvii. uilli 7 x. bord cu. viii. car.
Ibi. ii. molini redd. xxx. solid. 7 xl. ac pti. Pastura dim leu lg. 7 tcia lat.
Silua. i. leu lg. 7 dimid leu lat. Valet. xii. lib.
SARIC ten WINTREBURNE. Aluuin tenuit T.R.E. 7 geldb p i. hida 7 dim.
Tra. e. i. car. q ibi. e in dnio. cu. i. uillo 7 iiii. coscez. Ibi pars molini redd
xii. den 7 obolu. Silua. ii. qx lg. 7 una qx lat. Valet. xxx. solid.
SARIC ten LAVERTESTOCHE. Test st ei tenuit T.R.E. 7 geldb p dim hida
Tra. e dim car q ibi. e. Valet. x. solid.
SAWARD ten. iii. hid in BROCTUNE. Aluuold tenuit T.R.E. Tra. e. ii. car
que ibi st. Valet. xl. sol.
RAINBURGIS ten un man. q Godric tenuit T.R.E. 7 geldb p v. hid.
Tra. e. iii. car. q ibi st. 7 v. serui. 7 vi. uilli 7 i. bord. 7 iiii. ac pti. Pastura
v. qx lg. 7 ii. qx lat. Valuit. iiii. lib. Modo. c. solid.
FORESTARII Regis ten. i. hid 7 dim in foresta de Grauelinges. Val. xxx. solid.
LANCH tenuit de rege. E. Blontesdone. 7 defdb se p ii. hid. M ten Edward uicecom
in manu regis. 7 ibi st. iii. bord. Valuit. xx. sol. m vii. sol.

.LXVII. TERRA SERVIENTIUM REGIS.

HERVEUS de WILTUNE ten de rege .i. hid in FERDONE.
Osuuard tenuit T.R.E. Tra. e .i. car. Ibi st .iii. bord. 7 tant
pra 7 pasturae quant. cuenit .i. hide. Valet .xxx. solid.
Herueus ten .i. hid 7 dimid. hanc tenuit Eduin T.R.E. Tra. e
.i. car. Ibi st .iiii. ac pasturae. Valuit 7 ual .xxx. sol. h. e in FLEORA
Ricard Sturmid ten .i. hid 7 una v tre 7 dim in LOLES. Tra. e .iii. car.
In dnio. e una car. 7 .iiii. serui. 7 .iii. uitti 7 .iiii. coscez. cu .ii. car.
Ibi .iiii. ac pra. 7 Silua .i. leu lg. 7 .iiii. qx lat. Valuit .xxx. sol. m .lx.
Ide R. ten BOBERGE. 7 Wills de eo. Aluric tenuit T.R.E. solid.
7 geldb p .ii. hid 7 dim. Tra. e .ii. car. q ibi st cu .i. seruo. 7 .i. uitto
7 .iii. coscez. Ibi .ii. arpenz pra. 7 Silua .iiii. qx lg. 7 .ii. qx lat.
Id ten in GRASTONE .i. hid. Valet .xx. solid. Valet .xxx. solid.
Id ten in HARDONE .i. hid 7 dimid. 7 Robt de eo. Aluric tenuit
T.R.E. Tra. e .i. car. q ibi. e in dnio. Valet .x. solid.
Id ten in SALDEBORNE .i. hid 7 .iii. v tre. Orduuold tenuit T.R.E.
7 p tanto geldb. Tra. e .iii. car. In dnio st .ii. car. 7 .iiii. serui. 7 .iii. uitti
7 .iii. coscez cu .i. car. Ibi .iii. arpenz pra. 7 Silua .iiii. qx lg. 7 .ii. qx lat.
Ricard Robert f. R. wit ten in GRASTONE .i. hid 7 .ii. v tre 7 dim. Valet .xl. solid.
Vlmar tenuit T.R.E. Tra. e .ii. car. q ibi st in dnio. cu .i. seruo. 7 .v.
coscez. 7 .ii. arpenz silue. Valet .xxx. solid.
Radulfus de halvile ten in GRASTONE .iii. hid 7 dimid. 7 supa .i. v tre. Aluuin 7 Aluuold
7 Leuuin 7 Celestan tenuer T.R.E. de eo. Tra. e .iiii. car. 7 dimid.
In dnio st .iii. car. 7 .iii. serui. 7 .iiii. coscez cu .i. car. 7 dimid. Ibi
pastura .ii. qx lg. 7 dimid qx lat. Valet .vii. lib.
Id R. ten in MERTONE .i. hid. Duo taini teneb T.R.E. Tra. e .i. car.
q ibi. e in dnio cu .ii. seruis. 7 .ii. coscez. Ibi .ii. arpenz pra. 7 .ii. ac pa
Id R. ten in BUREBED .ii. hid 7 una v tre. sturae. Val .xl. sol.
Alric tenuit T.R.E. Tra. e .ii. car. q ibi st cu .i. seruo. 7 .ii. uitt 7 .i. bord.
Silua .iii. qx lg. 7 .ii. qx lat. Valet .xxx. solid.

In VIVELA habet .iiii. hid. Turold 7 Aluuin teneb T.R.E.
7 p tanto geldb. Tra. e .iii. car. 7 nil pecuniae. Ibi molin redd .xvi.
solid. 7 .iiii. uitti 7 .iii. coscez. Silua .ii. qx lg. 7 .i. qx lat. Valet .xxx.
TURBERT ten in MERTONE .i. hid. Leuuin tenuit solid.
T.R.E. 7 p tanto geldb. Tra. e .i. car. Ibi st .ii. coscez. 7 .vi. ac pra.
7 .x. ac pasturae. Valuit 7 ual .xl. solid.
CROC ten LODEWARDE. Tres taini tenuer T.R.E. 7 geldb p .iii. hid.
Tra. e .i. car. 7 dimid. De ea ten Croc .iii. v tre. 7 un miles ei .ii. hid.
Ibi. e .i. car. 7 .ii. bord. 7 un uitts. 7 pastura .ii. qx lg. 7 una qx lat.
Valuit .xx. solid. Modo .l. solid. Eduuard uicecom ten una v tre. q pan
HERVEUS ten HORTEFELDE. Herald com tenuit T.R.E. 7 his .iii. hid.
7 geldb p .ii. hid. Tra. e .i. car. q ibi. e in dnio. 7 .v. bord. Ibi .viii. ac
pra. 7 pastura .ii. qx lg. 7 una qx lat. Valuit .xxx. sol. modo .xl. sol.
TETBALD 7 Hunfrid ten WIDEHILLE. Robt f. Wimarc tenuit
7 geldb p .v. hid. Tra. e .v. car. In dnio st .ii. car. 7 .ii. serui. 7 .vi. bord
Ibi .l. ac pra. 7 .lx. ac pasturae. Valuit .xx. solid. modo .xl. sol.
ANSCHITIL ten BURBETWDE. Goduin tenuit T.R.E. 7 geldb pro
dimid v tre. Tra. e .ii. bou. Valet .xl. denar.
Johs hostiari ten ELTONE. Godric 7 Bollo tenuer T.R.E. 7 geldb
p .v. hid. Tra. e .iiii. car. In dnio st .ii. car. 7 .iii. serui. 7 .iiii. uitti 7 .ii.
cotar cu dimid car. Ibi .viii. ac pra. 7 pastura .iii. qx lg. 7 .ii. qx lat.
De hac tra ten Turstan .i. hid. 7 Frauuin .i. hid. Ibi. e un bord. 7 .i. cotar
cu dimid car. 7 .ii. ac pra. pastura .iiii. qx lg. 7 .ii. qx lat. Tot ualet .c. sol.
Ide ten dimid hid in BERESFORD. Aluric tenuit T.R.E. Tra. e .i. car.
Ibi. e un bord cu .i. seruo. 7 .viii. ac pra. Valuit 7 ualet .x. solid.
WILLS Scudet ten WESBERIE. Vluuard tenuit T.R.E. 7 geldb p .iiii.
hid 7 dimid. Tra. e .vii. car. In dnio st .iiii. car. 7 .iiii. serui. 7 .xx. bord
cu .iii. car. Ibi .xx. ac pra. 7 .iiii. ac silue. 7 .ii. molini redd .xxv. solid.
Valuit 7 ualet .viii. lib.
GODEFRID ten DRAICOTE. Edric tenuit T.R.E. 7 geldb p .v. hid. Tra. e
.v. car. In dnio st .ii. car. 7 .iii. serui. 7 .vii. uitti 7 .x. coscez. cu .iii. car.
Ibi molin redd .v. solid. 7 .xl. ac pra. Pastura .ii. qx lg. 7 una qx lat.
Silua .iiii. qx lg. 7 .ii. qx lat. 7 un burgens redd .xii. den. Valet .c. solid.
WILLS f. Ansculf ten LANGEFORD. Sirani tenuit T.R.E. 7 geldb p .vii.
hid 7 dimid. Tra. e .v. car. In dnio st .ii. car. 7 .v. uitti 7 .v. bord. 7 .v. coscez
cu .iii. car. Ibi molin redd .v. solid. 7 .xi. ac pra. 7 .x. ac silue. 7 Pastura
.ii. qx lg. 7 .ii. lat. Valuit 7 ual .c. solid.

WILLS ten .ii. hid. pp istas .vii. hid supdictas. Una panet
ad Bradenestoch qs Eduuardi uicecom. 7 altera ad Clive qs Gislebert de Breteuile
secdm testimoniu tainor. Valent .xx. solid.
WIBERT ten CLIVE. H fuit de tra Vlueue beceslau. 7 geldb T.R.E.
p .v. hid. 7 una v tre. Tra. e .iii. car. In dnio st .ii. car. 7 .iii. uitti
7 .i. bord. 7 .i. coscez cu .i. car. In Crichelade una dom redd .iii. den.
Ibi .xlii. ac pra 7 dimid. 7 qt .xx. 7 .iiii. ac pasturae. 7 .xxiiii. ac
silue. Valuit .xx. solid. modo .iii. lib 7 .x. solid.
ODINUS Camerari ten SWINDONE. Torbert tenuit T.R.E.
7 geldb p .xii. hid. Tra. e .vi. car. In dnio st .ii. car. 7 .ii. serui.
7 .vi. uitti. 7 .viii. bord cu .iii. car. Ibi molin redd .iiii. solid. 7 .xxx.
ac pra. 7 .xx. ac pasturae. Valuit .lx. solid. modo .c. solid.
De hac tra ten Milo crispin .ii. hid. 7 ibi ht .i. car. Odin eas calumniat.
TORSTIN camerarius ten CLIVE. Aluuin tenuit T.R.E. 7 geldb p .iiii. hid.
Tra. e .i. car. 7 dimid. In dnio. e .i. car. cu .i. seruo. 7 .iiii. coscez.
Ibi molin redd .v. solid. 7 .xii. ac pra. 7 .viii. ac pasturae. Valet .l. sol.
ALBERICUS Camerarius ten SMALEBROC. Mainard tenuit T.R.E. 7 geldb
p .ii. hid. Tra. e .iii. car. In dnio. e .i. car. 7 un uitts 7 .xii. bord
cu .ii. car. Ibi .vi. ac pra. 7 .x. ac silue. Valuit .xxx. sol. m .xl. sol.
ALBENEIUS camerarius ten BEORET. Duo taini tenuer T.R.E. 7 geldb p .i.
hida. Tra. e .i. car. Ibi st .viii. coscez cu .i. car. 7 molin redd .iiii.
solid. 7 una ac pra. pastura .iiii. qx lg. 7 .ii. qx lat. Silua .v. qx
lg. 7 una qx lat. Valuit .xl. solid. modo .xxx. sol.
GUNDUINUS granetarius ten WERECLIVE. Aluui tenuit T.R.E. 7 geldb p .ii.
hid. Tra. e .i. car. q ibi. e in dnio cu .i. seruo. 7 .i. coscet.
Ibi .ii. ac pra. 7 Pastura .iiii. qx lg. 7 una qx lat. Silua .i. qx lg.
7 altera lat. Valuit .xx. solid. modo .xxxv. solid.
WARINUS arbalistari ten CELEWRDE. Edric tenuit T.R.E. 7 geldb p .ii.
hid. Tra. e .ii. car. In dnio. e .i. car. cu .iiii. bord. Ibi .viii. ac pra.
7 .x. ac silue. Valuit 7 ual .xl. solid.
CROC ten dimid hid in STOCHE. Tra. e dimid car. Valet .x. sol.
WILLS cornitore ten WICHEFORD. Auraus tenuit T.R.E. 7 geldb p .ii.
hid. Tra. e .ii. car. Ibi st .iii. uitti 7 .iii. bord cu .i. car. 7 molin
redd .xv. solid. Ibi .viii. ac pra. Valuit 7 ual .xl. solid.
EDWARD ten una v tre in ALWARBERIE. Bode tenuit T.R.E.
Valet .xl. denar.